大旗出版
BANNER PUBLISHING

大旗出版
BANNER PUBLISHING

發明家大起底

從疫苗到核武，讓你直呼「不能只有我看到」的歷史真相！

歷史說書人
江仲淵、柯睿信、黃羿豪

推薦序／

文組與發明家的距離

《OSSO～歐美近代史原來很有事》作者　吳宜蓉

「請在十秒內，盡可能地說出最多個發明家的名字。計時開始！」

欸…那個…啊…我想一下…嗯（抿嘴露出一個尷尬而又不失禮貌的微笑）

「時間到！」

是的，作為一個很純的文組，如果參加這樣的快問快答，在我思考的同時，現實已把我光速淘汰。

以前國中上理化課的時候，舉凡安培啊伏特還是歐姆。當他們從一個個活生生的人變成了一個個計算用的單位，管它是用來算電壓的還是電流。我只知道逃避雖可恥，但有用。因此，我長成了一個非常道地的文組。什麼科學家、發明家，人生路上，再見不送！

翻開這本書時，好像要再次跟那些久違的陌生人見面了！有點緊張不安！看到目錄後，更多擔心了，這個叫卡文迪許，那個是門德列夫。天啊是誰！果然不是在文組宇宙會出現的人啊！

但就因為他們是人，所以去除掉發明家的專業職稱，剝開了科學家的理性外殼，他們有血有肉，曾跟我們一樣有著喜怒哀樂的活過。

牛頓不僅僅是一個創造出許多公式定律的物理巨人，面對他在學界的勁敵——虎克。牛頓丟掉大腦，再丟煩惱，透過他身為英國皇家學會會長的權力，銷毀所有虎克的畫像，這時候你看不到科學的理性，他同時成為一個小鼻子小眼睛銷毀巨人的巨人。

在偉人傳記書架上從不缺席的愛迪生，從小老師就叫我們要向他那句名言看齊

——「天才是百分之一的靈感，加上百分之九十九的努力」，只不過老師沒有告訴我們愛迪生百分之九十九的努力，是投入在不擇手段地搶奪專利與黑掉競爭對手。

你對理組有著既定印象嗎？宅氣沖天、無趣難笑，一件荷葉邊的系服或T恤走天下？歷史說書人也將顛覆你的刻版印象。

美艷絕倫的好萊塢女星海蒂．拉瑪立刻跳出來打臉。這位史上第一個在電影中全裸演出的紅星，情史豐富離過六次婚，同時也是我們現代人常在試圖連線的 Wi-Fi 技術奠基者。

富二代但不靠爸，曾經交過一百六十四個女朋友，讓單身狗宅宅羨慕死的霍華休斯，十四歲就輟學設計飛機，二十七歲成立休斯飛機公司，成為二戰時期美國空軍的主要供貨商。

在歷史說書人充滿趣味文字的生動書寫下，你能看到這些發明家對於科學的執著與對應的專業成就，更能看懂這些發明家各自的個性與命運。他們的生命歷程並不總是直挺挺地朝著偉大的科學成就前進，有過任性、嘗過頓挫、試著放棄。也許我這一生都搞不懂那些科學法則、機械設計，但當我知道他們也會感到難過寂寞、也曾自私自利，擁有凡人般的愛恨情仇。我與發明家的距離，似乎沒那麼遙遠了。

你想更靠近發明家一點嗎？歷史說書人用這本書讓他們重新活過了一次。

推薦序／

那些被遺漏的小故事，往往才是最生動的歷史片段

《海獅說歐洲趣史》作者　神奇海獅

身為一位歷史系研究生，我們生活的最大樂趣，就是閱讀史料裡面的各種小故事（聽起來有夠哀傷）。但那時的我總覺得自己好像是個探人秘密的偵探，而偷窺的對象，就是那些在歷史上最知名的歷史人物們。那些大人物往往都有一些既定的形象：失敗一百次卻仍不放棄的愛迪生、坐在蘋果樹下的牛頓……。

但讀到最後你總會發現，那些歷史人物們在私底下，卻擁有一個與檯面形象完全不同的臉孔。有時甚至會讓你在圖書館裡暗暗驚叫：天啊，這八卦也太勁爆了吧？？呃啊啊啊，這樣做母湯啊！！讀到最後，你甚至會開始思考：比起那些嚴肅的論文，

也許就是這些小故事，才能讓人理解那些歷史人物真實的個性與情緒。

這本《發明家大起底》，就很有這種感覺。

裡面的人物大多是歷史上知名的發明家或科學家，所做出的成就也相當程度的改變了這個世界。但在那些正經八百的人設底下，卻藏著各式各樣令人大開眼界的小故事。比如其中的一章〈要打，去外太空打！曾引起美國巨大恐慌的史波尼克人造衛星〉，突然就讓我想起一段過去讀過的，有關當時蘇聯領導人赫魯雪夫的小軼事。

當時美國人的確非常害怕，因為今天蘇聯火箭能夠發射人造衛星、明天可能就發射核彈頭了。但其實根據赫魯雪夫的自傳，蘇聯剛開始並沒有想到要利用火箭，而是利用一種超長途飛機載運核彈頭。但尷尬的點來了：再大的油箱，都不可能讓這種飛機在炸完美國後回到蘇聯。

天真的蘇聯科學家回答：炸完美國後，這些飛機可以降落在墨西哥啊～

赫魯雪夫聽完一整個爆炸，回那些科學家：「（原文如此）你當墨西哥是什麼啊？

我們的丈母娘嗎？你覺得我們的所有要求，他們都會答應嗎？？」

因此蘇聯才改研究火箭，終於在一九五七年發射了人造衛星。雖然這個小故事很難被放進任何太空競賽的論文裡，但看到這裡，歷史彷彿一瞬間鮮活了起來。你好像都看到了那個出身礦工、性格剛烈的赫魯雪夫把科學家罵到臭頭的樣子。

但是當然，這只是我自己看到的小故事。我相信寫作超過兩年、累積近百萬字的江仲淵，肯定有更多讓歷史生動起來的方法。放眼整段歷史長河，每起事件、每個歷史人物都被寫過，但每位作者透過自己的方式與視角，都呈現一種與其他人截然不同的風貌。

究竟歷史說書人江仲淵會如何詮釋這些科學家的故事呢？就讓我們拭目以待吧！

推薦序／

連結過去與未來的線

提督大人與他的餅　常昆

科學史一直是我的一大興趣，然而不敢說研究的多精深，不過本書中所介紹的科學家，倒是經常聽聞他們的赫赫英名，他們的名字已經成為歷史當中不可分割的一部分，其所研製的種種發明亦已深刻地影響社會。

本書的人物，都是在各自領域有著突出成就的大師，書中不見可怕的數學公式，而將重心放置在人物的生平歷史上，帶領大家深入了解他們的人生百態。其實，課本上聲名顯赫的科學家與常人幾乎無異，他們有各自的煩惱、各自的興趣，都是有血有肉、相當可愛的人，往往因為一腔熱情，便決定經歷艱難險阻，爭取自己的一片天地。

發明史是我認為西洋歷史中最有趣的一段，它不像其他諸如政治史、戰略史般千篇一律，每一位科學家都有他個人的特色，陰沉寡歡的卡文迪許、風流浪漫的休斯、風華絕代的海蒂、火冒三丈的門德列夫……他們在時代邁程裡顯得歙嶔歷落，各自擁有獨特的氣質，投有古代志士的浪漫，也擁有憤怒青年的熱血。

在我看來，這本書的主題始終圍繞著一條線，線的一端連接著過去歷史，另一端則連結著未來的我們，透過作者平易幽默的寫作形式，我們得以思考，在這長達千年的循序漸進中，科學到底是以什麼樣的形式進步，又是什麼樣的人，方有資格推動它向前邁進？

或許在當今這樣富足但又快速發展的時代，我們難以體會真理是多麼得來不易，但我們何不趁著空閒之時，細品這些已逝大師的一生，當我們終於了解他們的智慧以及頑固，他們的風雅以及逗趣，他們便會從紙中躍出，向你揮個手、作個揖，就像兩位老朋友。儘管魯迅說「人的感情並不相通」，但我們仍能從生命中相似的經歷、情緒，感受這些人物不屈不撓之奮鬥精神。

綜觀之下，這本書尤其獨特之處，在於不單方面的「歌功頌德」，畢竟，歷史最有趣的地方，便是歷史本身從來不「論定」任何一人，當我們在傳統史家的筆下看到了各種「歌頌之詞」，卻也能從不同的文獻、事件看出一個人的多面性，而多面性的人，便塑造出了多面性的歷史，西方強盛的基礎，都是由理想浪漫的科學家們所遺留，他們的各種事蹟，也使得史學不再是乾澀枯燥的年表，科學不再是無聊的加減乘除，而是由血肉之軀連接而成的，古老而又動聽的故事。

昨夜，當下，終歸成為是往事，本書卻能讓這群或者瘋狂、或者執迷的科學家們，永遠停留在時光的原處，讓我們重新還原出達斯勒家族兄弟鬩牆的無奈、特斯拉離開愛迪生公司的憤恨與冤枉、福特在工廠不屈不撓的奮鬥，這些種種故事，教科書上或許已經消失，人們或許已經忘記，但他們的事蹟所給予世界的光明，將永遠為人紀念。

序的最後，讓你我一同，細品大師們的波瀾壯闊，回味從前的時光。

自序／

還原最初的模樣

「所謂科學，不就只是一團數字和一堆公式嗎？」這是我們偶爾會聽到的一句話，不過究竟是科學過於枯燥乏味，亦或是我們從不去深入了解？在密密麻麻的數學公式下，我們常為其外在的複雜程度所驚恐，但假使我們願意跳開教科書的束縛，以歷史的層面來觀看科學的發展，我們會驚訝地發現，原來科學那麼有趣。

你知道，其實交流電的發明，暗藏著一場員工對老闆的復仇嗎？

你知道，自然課本上的兩大傳奇人物——虎克與牛頓，是超級不合的大仇家嗎？

你知道，我們現在可以使用新潮的藍芽耳機，都得歸功於一名二戰期間的電影女星嗎？

你知道，為什麼一個反對資本主義的桌遊，最後竟會成為資本主義的象徵？

教科書上的文字，只是總結罷了，值得我們學習的，其實是他們的一生，在看似多次的發現、實驗、驗證、公開之下，都是科學大師一生中的大起大浪之一。在這些看似老生常談的時代變換之下，是實驗室裡悄悄打瞌睡的門德烈夫，是火車站上草繪圖紙的卡拉什尼科夫，是酒吧吧檯上與朋友買醉的馬克沁。當我們讀著他們的生平事蹟時，亦是間接的在經歷他們的一生，找尋他們至今仍耀然於世間，以獨具慧眼之姿態屹立於課本中的秘密，這正是科學的力量，也是那些離我們並不近，但也不非常遠的各方大師們的魅力所在。

為什麼本書名稱叫做《發明家大起底》呢？正是因為我們不想讓這些科學家們只是被人記住，他們的科學研究早已如耀眼的星斗般被後世記得，但又有多少人知道他們在發明創造的過程中有著怎樣不為人知的經歷呢？教科書裡總只讓讀者觀看他們的「結果」，卻忽略了他們的「經歷」，與其「不為人知的一面」。

許多讀者一看到科學家生平歷史文章，總會下意識地斷定這是一篇雞湯文，覺得裡面大概就是在講述什麼主角小時候不被其他人看好，結果靠著鍥而不捨的精神，長大以後成功逆襲，成為家喻戶曉的大人物之類的，這種主題千篇一律，就跟童話一樣，人世間哪有可能這麼輕鬆就翻轉？社會可是充滿著各種意外的，這種把事情寫得太簡單、不具有借鑑價值的故事，我可不撰寫。本書要將史料完整還原，呈現給讀者最真實的一面。

科學史比大家想像的有趣太多了。譬如舉世聞名的哈伯，世人皆稱頌他發明了助長稻物生長的哈伯法，卻不知他其實「左手拿麵包，右手拿屠刀」，曾研製極其慘忍的毒氣瓦斯，大量應用在一戰戰場中，使他在後世評價飽受爭議。再舉配角愛迪生為例，許多人都覺得他是一位大發明家，事實上，他只是以蠻橫強奪別人專利為生的貪婪商人；或是現在年輕人超愛的潮鞋品牌愛迪達，很少人知道，它其實和彪馬（PUMA）系出同源，因諸多瑣事而撕破臉分家。

在本書中，我以故事的形式書寫他們的生平、研究、創造的過程，以及一路上的軼聞逸事；希望能透過幽默風趣、富有感情的文筆，讓這些逝去已久的偉人們重新活起來，躍然紙上，帶領讀者瞭解是什麼契機成就了他們，他們成功背後的故事又是什麼？

以上感想，是作者在撰寫此書完成後的即時感觸。希望讀者在讀完這篇序後，能比較了解本書的來龍去脈，並稍微得到一點收穫，這對我們來說，就是最大的讚美和成就了。

目錄

兩個巨人的對決

牛頓 VS 虎克！

姓名：艾薩克．牛頓

性格：翻臉比翻書快。

經歷：與虎克相愛相殺一輩子，人生有一半時間都在和虎克吵架。

貢獻：記得國中理化課本讓你頭痛到敲桌的牛頓三大定律嗎？

重要性：★★★★

知名度：★★★★

隱藏技能：【洞察】觀察能力提升，可以從一些小事情悟出大發明。

【記憶消除】將歷史銷毀，讓人忘記你真的存在過。

姓名：羅伯特．虎克

性格：以嘲笑牛頓為畢生志向。

經歷：不是在吵架，就是在吵架的路上。

貢獻：《顯微術》的作者，「細胞」的英文 cell 就是他命名的。

重要性：★★★★☆

知名度：★★★☆☆

隱藏技能：【嘲諷】以滔滔不絕的口才嘲笑敵方，使其怒氣值增加 80%。

【學界大反派】汙衊敵方著作抄襲，使其怒氣值再次增加 100%。

發現萬有引力的著名科學家艾薩克．牛頓曾經說過一句著名的話：「如果我能看得更遠，那是因為我站在巨人的肩膀上。」作為一個家喻戶曉的科學家，牛頓在科學界所取得的崇高成就為世人所景仰，他說出的這句話，更讓後人佩服他功成不居的偉大情操。幾百年來，牛頓充滿智慧、謙虛的形象一直深深地烙印在人們的心中，許多人可能不認識卡文迪什、奧伯特等科學家，但牛頓的鼎鼎大名，是肯定聽說過的。

然而，很多人不知道的是，牛頓的這句話，其實並不是什麼自謙之詞，而是句嘲笑別人的話，豐功偉業的光環下，隱藏的是人性的黑暗面，究竟牛頓是嘲笑了誰？又為什麼這麼做呢？一切，都還得從一個跟牛頓同個世紀的科學家——虎克開始講起。

我叫做虎克，是個天才

說起虎克這個人，在科學界算是一位負有盛名的大佬了，不過對於一般的大眾來說，相比牛頓的名氣，虎克就如同小巫見大巫般，名氣並沒有達到家喻戶曉的程度。如果要說在哪個地方可以解鎖這位人物的話，答案就在國中的自然課本裡，在生物課本裡，細胞的單元中，會教到說，當初就是虎克利用自製的顯微鏡，發現了軟木塞中死亡的植物細胞，進而開啟了後世對於細胞這門學說的研究。

除了生物課本，在後來的理化課本當中，也會講到一個定律，叫做虎克定律，這虎克定律是在講彈力的，主要的意思就是，在彈性限度內，彈簧的彈力F和彈簧的長度變化量X成線性關係，從以上兩則虎克對科學的貢獻看來，可以知道虎克是一位涉獵多個領域的科學家，那扣掉這些表面可見的勳績，虎克本人，又是個怎樣的人呢？

一六三五年，虎克出生於英國的懷特島，從小他就對機械、繪畫方面有特別濃厚的興趣和天賦，長大以後更是一展鴻圖，加入了英國的皇家學會，成為著名科學家波以耳的助手，並在之後擔任皇家學會的試驗負責人，負責維護實驗儀器以及設計各種實驗，並在會議上提供道具與建議，讓其他會員們觀察、討論、猜想。

原先虎克的這個工作只是義務勞動，可後來學會的高層們也被虎克的實驗給吸引，認為這小夥子做的不錯，於是就開始給虎克發工資，因此，虎克的興趣變成了職業，開始可以靠興趣來賺錢，可以說，虎克就是一位職業科學家。

在虎克生活的那個年代，科學這棵小樹才剛剛萌芽，很多測量儀器在路上都買不到，所以自製儀器、研磨鏡片成了不可避免的難題，而就那麼剛好，虎克的科技樹裡，手工藝的技能是全滿的，所以靠著這個得天獨厚的技能，虎克不僅作出了各種學會買不起的道具，甚至發明了很多精巧的儀器，每個發明都讓學會裡的人嘖嘖稱奇，他的名聲也日漸響亮，過沒多久，虎克就成為了學會裡人盡皆知的一位大佬。

此時的虎克，是何等的風光，是何等的尊爵不凡，擁有名聲，工作還跟自己興趣結合，根本就是一個人生勝利組。但是很快的，一個程咬金的殺出，讓這一切都成為過去，這個程咬金，就是文章一開始提到的牛頓。

半路殺出的牛頓

牛頓比虎克足足小七歲，雖然比較晚出生，可也是從早年就展現了自己在科學研究上的天賦，那他跟虎克之間又有什麼過節？虎克的人生為什麼從此變味呢？

這兩位科學大師初次相見時，就不太和樂了。一六七二年，牛頓做了一個有關色散的實驗，之後跑到皇家學會發表報告，在報告中，牛頓提出了一種新的觀點，那就是「光」這種東西，其實是一種粒子。

牛頓認為自己提出了很重要的事情，興沖沖地將實驗結果拿到台上發表，一聽完牛頓統整出的言論，初次見面的虎克就站起來了，他對牛頓一陣嘲笑，認為這小夥子提出的理論根本就只是假設：「光這種東西啊，實際上乃是空氣中有一種名叫『乙太』的物質振動而產生，跟什麼粒子不粒子的，一點關係都沒有！」

站在事後諸葛的角度，我們可以確定，虎克的論點是不正確的，因為直到現在，科學家們仍然無法證明乙太這種東西的存在，牛頓聽到虎克這般口氣，心裡很不是滋味：「什麼乙太啦！有種你拿出它存在的證明給我看啊！」不過，虎克並沒打算證明，只是一味的冷嘲熱諷，最終讓牛頓大動肝火。這裡補充一點，牛頓這個人他的個性比較自卑，因為他有個悲慘的身世，爸爸很早逝世接著母親又改嫁，找了個繼父來繼續撫養牛頓，然而牛頓很討厭這個繼父，也連帶著討厭這個改嫁的母親，據說牛頓寫過很多毛骨悚然的話語，甚至包含「威脅我的繼父和生母，要把他們連同房子一起燒掉」這句。

由於從小就缺乏關愛，導致牛頓這人的個性就有點偏激不正常，因此，虎克的嘲諷對他來說簡直是火上加油，牛頓索性甩手不幹，直接鬧翻。

有一點要注意的是，與虎克鬧翻並不代表從此斷絕聯絡，畢竟再怎麼說虎克也是牛頓的前輩，而且也是科學界的同道中人嘛，嘲笑事件過後的幾年，他倆依然有在通信，通信的內容講的無非是關於力與運動的問題討論，有時候牛頓的論點講錯，虎克依然會慣性的嘲笑一下並修正他，至於牛頓這邊，如果意識到自己錯誤的話，也不會跟虎克繼續爭論，以免落得跟上次同樣下場。

比如有一次，他們討論一個關於重力的問題，牛頓認為重力是不變的，可虎克這時又跳出來說話了，他跟牛頓解釋說：「重力這種東西它不是不變的，重力就和天體之間的引力一樣，他應該是與距離的平方成反比，換言之，就是離的越遠重力越小才對。」解釋完自己的觀點後，牛頓看了也承認這次自己是錯的，虎克的說法才是正解。

分手不快樂

不過，好景不長的是，兩人間的魚雁往返並沒有一直持續下去，到一六七九年就戛然而止，為什麼呢，因為虎克管不住自己的嘴！他太愛嘲笑牛頓了，每次看到牛頓講錯，就先起手式地嘲笑一番，比這更過分的是，虎克還會拿著牛頓寫給他但出錯的信件四處宣傳，來證明牛頓這人跟他的研究有多麼的爛，牛頓聽到虎克這麼幹，當然又爆氣了，他怒寫一封信給虎克，信中有句著名的話，那就是開頭提到的那句：「如果我能看得更遠，那只是因為我站在巨人的肩膀上。」

如果代入當時牛頓和虎克這種劍拔弩張的情況，我們會發現，它是有不同的涵意的，一是抬高牛頓自己的地位，告訴虎克，相比你啊我牛頓才是會吸取前人教訓與知識的人，二是取笑虎克的身高，虎克長得很矮，而且還駝背，平常就很不喜歡別人談論他的身高，這下牛頓講了這句話，站在巨人的肩膀上，那就等於說，在牛頓眼裡，虎克只是個矮子，反正物理巨人絕對不會是你。

牛頓諷刺虎克的意味十分明顯，所以這次兩人是徹底撕破臉了，從此不再討論問題，而是各自玩起了單人模式，那麼事件爆發之後，兩人又有著怎樣的故事呢？

先說牛頓，在與虎克斷交後，牛頓就開始過起了隱士的生活，為了躲避虎克，再也沒有跟皇家學會裡的人接觸了，不過有一點要注意的是，這時的牛頓還沒有發現萬有引力的奧秘。

改變世界的「賭局」

牛頓之所以發現萬有引力的存在，其實是跟一個賭局有關，而這賭局的名字就叫「四十先令」。先說明一下，當時的英國貨幣不是歐元，不是英鎊，也不是臺幣（我在講廢話），而是念起來很拗口的「先令」。

至於「四十先令」為什麼叫做「四十先令」，而不是「五十先令」、「六十先令」呢？這就要講到虎克的朋友圈了。

虎克在皇家學會裡人緣不錯，和兩位學員的關係很好，一個是測出哈雷彗星週期的哈雷，另一個是建造聖保羅教堂的建築師雷恩，三個人交情深厚，無論做什麼都能在一塊，有空就會約出來泡茶聊天，有次他們聊到天體運行的問題，雷恩就問說：「你們有沒有想過，這個天體之間的運動規律，為什麼是一個橢圓呢？」

這時老愛顯擺自己的虎克說話了：「運動規律之所以是橢圓，是因為太陽和天體之間是有引力的，而這引力的大小，那就是與距離的平方成反比嘛！」

於是哈雷就發問了：「那你怎麼知道這個與距離平方成反比的力會讓天體做橢圓

運動呢？」

虎克回說：「這也沒啥，那是因為我早就算過了，就是這樣沒錯。」

雖然不是故意懷疑虎克，但哈雷還是感到有點不解：「到底是要如何得知與距離平方反比的引力能使天體做橢圓運動呢？虎克你能不能拿出你算的手稿給我們看看啊，如果能拿出來的話那我也就信了。」

面對哈雷提出的要求，虎克給他的回應是：「這個手稿啊，我暫時不太能拿出來，因為這個東西我算了好久，現在就拿出來的話，你們還會覺得這問題很簡單咧！」眼看討論到了這個節骨眼再下去應該也討論不出什麼東西了，雷恩就提了個建議：「不然這樣好了，我這裡有四十先令，你們誰能先把這問題給證明出來，我就提供經費幫你們出書。」

看到雷恩提出了懸賞的任務，虎克和哈雷紛紛表示接受挑戰，畢竟在十七世紀，出書是一個很花錢的事，如果出書後並沒有得到大眾的喜愛，不只是作者一個人拿不到稿費的問題，甚至還會造成整個社會的經濟負擔，因此雷恩提出的這個要求，就等於把幾大箱的鈔票放在眼前，叫誰能不心動呢？

那麼參加這場賭局的兩個人，接受挑戰後又做了什麼努力呢？先說虎克，虎克對這問題很有自信，他認為憑自己的知識足以應付這個問題，所以也沒怎麼把這件事放心上。

這時我們把鏡頭轉到另一邊的哈雷，他又是個怎麼樣的狀況呢，哈雷雖然是頂尖的科學家，但還是被這問題給弄得很煩，解不出來啊！所以哈雷這時就想，或許我應該找個人來幫助我解開這個問題，找誰呢？當然是當時英國最有名的頂級數學家牛頓啊！

因此，哈雷拜訪了隱居已久的牛頓，牛頓一聽他是皇家學會的人，就沒什麼興趣，將他放一邊涼快去。但當他聽到哈雷是來找他組隊，對付仇人虎克的時候，牛頓不禁露出了極為猥瑣的笑容，他內心最敏感的那根神經被觸動了！

「對付虎克啊，找我就對了！」

重出江湖

哈雷同樣拋出了那個問題給牛頓，牛頓不暇思索地回答：「對啊，是橢圓。」哈雷問他是怎麼知道的，牛頓跟虎克一樣說「因為我算過」，哈雷問他有沒有手稿，牛頓答：「有是有，但我弄丟了，不過別急，過幾天我再寫一份給你。」

大家看到此處，肯定會想：「天啊！牛頓跟虎克的脾氣也太像了吧，兩人根本是同個模子印出來的！他們會吵架？不合理啊！」不過幾天後，牛頓與虎克不同的地方就顯現出來了，牛頓真的把他的手稿寄到了哈雷家，這份手稿共有九頁紙，後世把它稱之為《物體在軌道中之運動》，這九頁紙幾乎集中了牛頓所有的思想精華，上面的理論、解釋、算式、插圖應有盡有，哈雷收到牛頓的手稿後，簡直開心得不能自已，他先是把這九頁紙拿給雷恩，換取了四十先令的錢錢（虎克雖然宣稱自己有手稿，但是他並沒有把他的手稿交出來，所以哈雷得到了四十先令，贏得賭局。）

換完錢後，哈雷不斷的誇獎牛頓居然能夠成功證明這個問題，同時哈雷也鼓勵他，繼續把他的這個工作擴展，九頁紙太少，乾脆就出一本書來完整說明的你的理論吧！

牛頓自小以來很少這樣被人真誠的誇獎，一聽那鼓動人心的話語，冰冷的內心瞬間解凍，簡直快哭出來了，牛頓決定聽哈雷的話，把自己的理論撰寫成書。一六八七年，牛頓的這本書終於撰寫完成，而這本書就是在科學界裡鼎鼎大名的《自然哲學的數學原理》！

這本書的重要性，應該不用我多說吧？它被公認是「科學史上最重要的論著之一」，著名的法國數學家克萊羅甚至曾給予此番評價：「《自然哲學的數學原理》標誌著一個物理學革命的新紀元。偉大的作者牛頓爵士在書中採用的方法……，使數學的光輝照亮了籠罩在假設與猜想的黑暗中的科學。」由此不難看出，這本書在科學界裡的地位有多麼重要。

不過，就算是《自然哲學的數學原理》這種具有重要地位的書，仍然敵不過當時高昂的出書費用，好朋友哈雷一聽到牛頓終於寫完了他的巨著，立馬跑去找牛頓跟他借了這本書的原稿，並跑到皇家學會裡請求皇家學會能夠幫忙分擔費用，「這本書真的寫得非常好，真心推薦！」

可皇家學會卻說：「很抱歉，我們現在無法出版這本書，因為我們早就沒錢了，之前我們才剛出了本《De Historia Piscium（魚類的歷史）》，但這本書銷量不佳，除了讓學會賠了一堆錢，還給社會造成了經濟負擔，搞得現在學會只負擔得起成員們的基本工資，不是我們不想給你出啊，是真出不起了。」

雖然明白皇家學會缺錢的苦衷，但哈雷真的十分希望這本書能夠出版，軟的不行，那我就來硬的吧！哈雷於是每天跑到學會講堂上鬧事，或者每天寫建議信，把學會信箱塞爆。過了幾個月，皇家協會再也受不了哈雷的騷擾，答應他的要求：「好吧，你既然一定要出版，那錢就自己出吧，你可以把錢給學會，學會再幫你出。」

得到了學會的同意後，哈雷才突然想到，可我家也沒那麼多錢欸，該怎麼辦呢？於是哈雷想到了一個辦法，不然就拿工資吧，拿我的工資去幫牛頓出書，這樣總行了吧！

下定決心後，哈雷開始了義無反顧幫牛頓出書的計畫，每到月底皇家學會發工資的時候，別人拿的都是工資，就只有哈雷拿的是一堆《魚類的歷史》走，為什麼？因為他把工資全都拿去買滯銷的《魚類的歷史》了。

就這樣，在哈雷的無私奉獻下，哈雷的家塞滿了《魚類的歷史》，而牛頓的書也終於要出版了，然而就在這個關鍵時刻，之前那個好久不見的虎克又跳出來了，虎克這次一跳出來，就自帶機關槍，開頭就對牛頓一頓狂罵，稱牛頓抄襲他的觀點，牛頓看到虎克如此的不要臉，整天礙自己好事，也不甘示弱地拿起了火箭炮，憤怒的質問虎克：「我哪裡抄襲你了，我還需要去抄襲你這種人的東西喔？」

虎克越聽越火大，就再一次的把之前跟牛頓通信的信件亮出來，說：「你看，引力大小是距離平方反比的這點，是我告訴你的，而你居然在這本書內對我隻字未提，這不是抄襲是什麼？」

牛頓一聽虎克這般強詞奪理，當下也再次爆氣，憤怒的對哈雷說：「這本書我不出了，誰叫虎克要跟我搶，這種距離平方反比的真理，還需要他來跟我講啊！」

眼看好不容易走到最後關頭，家裡塞滿了魚類歷史的哈雷，自然是不想讓他的努力付之東流，他化身輔導主任，試著開導牛頓讓他往好的方面想，透過反覆的溝通，最後才打開牛頓的心防，再次答應出版這本書。

經過九九八十一難，《自然哲學的數學原理》終於正式上市了，在這本書中，牛頓寫入了他一生最著名的成就——萬有引力定律，這本書上市後，人們對裡面的萬有引力定律感到十分震驚，因為他們直到現在，才了解到，天上的星辰和地上的蘋果，居然都遵守同一個定律，也因此，有拜讀過這本書的人都不得不佩服牛頓的智慧，牛頓的名氣也因此水漲船高，成為了舉世知名的科學家。

幾家歡樂幾家愁

反觀虎克，自從見到牛頓的書榮登暢銷寶座之後，情緒就很萎靡，此時的他雖然貴為皇家學會的祕書，可由於數年來和牛頓及其他科學家的爭論，已經變成個心力交瘁的中年可撥大叔了，他的工作除了實驗安排之外，還要負責管理文檔和記錄會議等任務，對一個沒什麼活力的大叔來說，這些工作每項都像在跟他索命一般糾纏著他，因此虎克向皇家學會請求，詢問他們能不能配一個助手給自己，結果卻遭到了皇家學會的回絕，不僅如此，皇家學會自從牛頓出了書後，對於虎克的薪水更是採用拖延戰術，時常拖欠他的薪水。

看到這裡，我不禁有種感慨，十幾年前，虎克是第一個被配給薪水的職業科學家，到今日，竟成為了一個大家愛理不理的孤家寡人，真的是風水輪流轉，世態炎涼啊！

虎克在工作上十分的不順，可這還不是結束，在家庭方面，虎克更是一蹋糊塗，三十多歲了連一次戀愛都沒談過，平時能陪他度過無聊人生的精神支柱，只有他的姪女，姪女作為家裡實質意義上的管理者，經常帶一些客人來家裡，讓虎克的生活不至於這麼樸實無華且枯燥，平常沒客人時，她還會主動跟沒人愛的虎克聊天，但在牛頓出書的那一年，她就莫名其妙地死了，先不說虎克對姪女的愛到底是親情還是愛情，姪女的死，確實給他造成了很大的打擊，他的身體也隨之每況愈下，一天不如一天，最終雙眼失明，雙腳腫脹，出現類似糖尿病的症狀。

一七〇三年，虎克在倫敦孤獨的去世了，享壽六十八歲，死後在他房間中發現高達一萬英鎊的積蓄，這相當於當時一個成功的銀行家的財產。

秘記：「記憶消除法！」

虎克的人生故事至此結束，不過可別忘了，他的頭號敵人牛頓還沒死啊，牛頓此時正過著他人生最光輝璀璨的一段歲月，身為皇家學會會長的他在聽聞虎克的死訊後，絲毫沒有對他的死表示哀悼，也沒有讓過去的仇恨隨著虎克的死煙消雲散，仍然對虎客對他做過的事情恨之入骨，他透過自己在皇家學會內的影響力，要求皇家學會把所有有關虎克的畫像全部銷毀，這使得直到今天，關於虎克到底長啥樣，依然沒有一個確切的依據，只能靠後人來想像。

銷毀完虎克的肖像後，牛頓對他的恨意依然沒有緩解，他接著還想把虎克的手稿通通燒毀，實行古羅馬才有的特產刑罰「除憶詛咒」，讓世人從此忘記有這個人存在過，好在，最終牛頓這個偏激的計畫被人給阻止了，否則這個人就真的可能會消失了。

至此，虎克和牛頓這兩個科學家的鬥爭總算結束了，報復完虎克後，牛頓開始當起了煉金術士，一七二七年，牛頓在睡夢中安詳辭世，享壽八十四歲，不過，看到這裡，不少人可能會發現一個最大的問題，啊所以我說那個蘋果呢？有人說，改變世界的蘋果有三顆，一顆給了亞當夏娃，一顆給了牛頓，最後一顆給了賈伯斯。

從小我們就聽過牛頓被蘋果砸到而領悟出萬有引力定律的故事，但其實這個故事的真實性並沒有得到學界的一致認同，有些人認為牛頓根本沒被砸到，只是看到窗外的蘋果掉落而萌生了這個想法，還有人認為牛頓的蘋果故事純屬虛構，只是後人為了誇大他的故事才編出來的，所以這也就是為什麼在文章裡沒有寫到這個故事，都是因為其真實性還有待考證。

不過有一點可以肯定的是，牛頓若真有被砸過，那肯定不是被榴槤砸到，如果他真的被榴槤砸到，那麼現在的自然課本說不定就會少上許多頁數，而牛頓的名字，或許也就不會如此的為世人所知了。

是什麼讓天花從此絕跡？

疫苗發明的背後故事

姓名：愛德華．詹納

性格：富有實驗精神、堅持夢想、愛妻魔人。

經歷：消滅天花的傳奇人物，打過疫苗的人都該跟他說謝謝。

貢獻：種痘法。

重要性：★★★★☆

知名度：★★☆☆☆

隱藏技能：【無】因為他把一切都貢獻給了世界。

「世界上最可怕的傳染病是什麼？」可能有人說是黑死病，有人會說是肺結核，因為這兩種病在人類的歷史上，確實造成了大量的死亡數字，但是，這兩種病相比另一種歷史悠久的傳染病而言，那可就是小巫見大巫了，那到底是什麼病能夠比黑死病和肺結核更強大呢，這種病，他的名字就是大家都耳熟能詳的天花。

相信在國高中的歷史課本裡一定有學過，十五到十七世紀，歐洲展開了一系列向外探索的冒險之旅，後人把這段時期稱之為地理大發現或是大航海時代，受到黃金傳說的誘惑，歐洲國家紛紛派出自己的船隊前往探索未知的新大陸，最後，這群初次探索未知世界的人們，成功找到了他們所謂的新天地，不過，隨著白人船隊的登陸，原本就已經在這塊土地上生活的土著印地安人可就慘了。

為了搶奪黃金，白人倚仗著先進的科技，大肆屠殺武器等級還在新手關卡的印地安人，我們所熟知的美洲古文明：阿茲特克、印加帝國等等，都是因為遭白人的侵略而滅亡，後來有人統計，白人踏足美洲後，美洲的印地安人直接從原本未接觸殖民者的兩三千萬減少到十六世紀末的一百萬，中間他們一共死了兩千九百萬人甚至更多，不過，這兩千九百萬的龐大死亡數目，絕對不是白人殖民者單單用兩隻手一刀一槍殺出來的，畢竟成功來到美洲的白人船隊至多也就那幾百人，就算武器再怎麼先進，也總不能二十四小時不間斷的殺人吧，揮劍，扣扳機的手也會酸的，那到底是什麼因素造成美洲如此大量的人口死亡呢，後來根據研究，有很大的一部分，就是「天花」這種病造成的。

天花造成美洲人口大量死亡，其實這種論點放到現在已經是老生常談，不足為奇，原本在舊世界（亞非歐）就已經蔓延許久的疾病，讓在這個地方生存的人們多少獲得了一些抵抗能力，可就算有了稍微的抵抗能力，在那個醫療還不發達的時代，天花這種病依然每年都帶走幾萬人的生命，更何況是生活在新世界，之前都沒經歷過什麼叫天花的印地安人，他們完全沒看過這種病啊，所以根本沒辦法抵抗，只能任由同胞身上莫名奇妙長了奇怪的痲疹瞬間毀容，然後帶著無限的苦痛離開人世，這真的是一個比悲傷更悲傷的故事啊！

不過往好處想，人類的醫療技術經過了幾百年的發展，如今天花這種足以令印地安人亡國甚至快滅種的病症早已被人類征服，聯合國亦在一九八〇年就宣佈了天花絕跡的消息，然而，雖然天花現在已然消失，可到底是什麼人，做了什麼事致使天花被消滅，背後的秘辛卻很少人知道，所以此篇故事，就是要來介紹消滅天花的幕後功臣——

愛德華・詹納。

很噁心的天花

前面閒扯了那麼多，現在總算可以進入正題了，愛德華．詹納是十八世紀的一名英國醫生，出生於英國西南的格洛斯特郡，五歲時，他當牧師的父親掛了，幼年喪父的他只好與同樣是牧師的哥哥相依為命，詹納從小就對很多生活周邊的事物感興趣，興趣廣泛的他，尤其喜歡大自然，詹納小時候的那段日子裡，天花這種可怕的疾病正在整個歐洲肆無忌憚的蔓延著，在英國，得了這種病的人更是怎麼數都數不完，詹納從小就看著某些得了天花的病人全身開始長出難看的痲疹，尤其是長在臉上的，那真是慘不忍睹，就算你原本帥到每天起床都把自己帥醒，遇到天花那最後都得變成全身坑坑疤疤的癩蝦蟆，女生更慘，長天花就準備單身一輩子吧，也因此，詹納每天都彷彿在看災難片，目睹太多慘劇的他立下了志向，決定要找出這種惡疾的治療方法。

立誓歸立誓，要知道，這可不是什麼童話故事，不是你隨口說「我要滅了天花」，找尋隊友展開冒險，並打敗幕後邪惡的細菌超人就能實現的，要達成這個前無古人後無來者的目標，若沒有一點基礎的醫學知識，那都等於是痴人說夢，所以後來，詹納開始學習各種有關生物學科和醫療的知識，十三歲時更是透過哥哥的贊助，成功跑到倫敦去跟當時的外科名醫盧德洛學習醫術，就這樣，有了名師的日夜教導，二十歲時，詹納已經成為了一名優秀的外科醫師助理。

有了這七年來學習到的醫學知識後，詹納總算是離他當初的志向——消滅天花更進了一步，不過其實在他學成之後，曾有人建議他乾脆就留在倫敦工作就好，可以賺比較多錢，有錢你還回去那個你家的破村幹嘛啊？那之後詹納是怎麼回應的呢？想當然，做為一個有夢想、以拯救世人為己任、富有大愛的醫生，詹納最後還是放棄了在倫敦工作發大財的機會，選擇回到家鄉格洛斯特幫助那裡的窮人，開始了他鄉村醫生的生涯。

哎呀，故事講到這裡不得不說，詹納這個選擇做的實在太好了，因為根據後來的事實證明，詹納要是沒有回到家鄉，恐怕就會錯失一個可以消滅天花的良機，為什麼這麼說呢，這一切還得從詹納回到家鄉後的事情開始說起。

牛痘與天花

原來，回到故鄉格洛斯特後，詹納從生活在那裡的百姓口中得知一條傳聞：凡是當時負責幫母牛擠奶得過「牛痘」這種病的女工，似乎都對天花有免疫效果欸，原本以為這只是空穴來風的小道消息，但詹納一聽到這個消息，非但沒有先入為主的直接把它否決掉，而是產生了疑問：「難道天花和牛痘真的有種不可告人的關係？」

為了解答自己的疑惑，詹納開始了一連串的觀察與查證相關文獻，不久後，詹納認為這條傳聞裡講的是真的，感染過牛痘的女工確實都沒有被天花所侵襲，於是，詹納做出了以下的假設：

「牛痘和天花其實是同源的疾病，只是感染的宿主不同，牛痘感染在人身上毒性較弱，所以只要讓人感染到毒性較弱的牛痘就不會得到天花。」

觀察、提出問題、參考文獻、假設都做完後，根據科學方法的步驟，再來下一步就是整個研究歷程裡最難的實驗部分啦，一七九六年五月的某天，詹納從一名被感染牛痘的女工身上，刮取了其膿包裡面的萃取物，將之接種到他家園丁的兒子小詹姆士身上，這樣，小詹姆士也感染到了牛痘，不過由於牛痘對人來說毒性較弱，經過幾天的發燒與不適，小詹姆士就漸漸的康復了。

康復的兩個月後，詹納又接著進行了整個實驗最高風險的步驟了，那就是接種天花病毒到小詹姆士身上，要知道，當時就連詹納都不知道這個方法有沒有效，萬一沒用，那小詹姆士就會從此與天花相伴並長出滿臉麻疹，在此，不得不佩服那位小男孩的勇氣，換作是其他人，還不知道敢不敢咧！

回到正題，幫小詹姆士接種了天花的膿包萃取物後，很神奇的，居然真的沒有引發疾病欸，於是，詹納斷定自己的方法是有效的，實驗成功了，之後，為了多次求證，詹納重複上述治療方式，繼續把牛痘病毒接種到其他人身上，並以天花的病毒不斷試驗，證明得過牛痘的人確實不會被天花感染。

後來，詹納想要把自己千辛萬苦才得到的實驗結果給發表出去，可發表出去的文章卻屢次遭到退稿，因為沒有人相信一個鄉村醫生有這麼大的能耐，接著，一群說話酸鹼值低於七的鄉民們就對詹納的理論群起而攻之，而這其中，還不乏有那些所謂的「醫界大佬」，他們仗著自己在醫界的崇高地位，否決了詹納的研究成果，還不斷的嘲笑、攻擊他，最後，連教會都跑來參一腳，稱說詹納的牛痘接種法是褻瀆上帝的撒旦諾言，甚至當時的報紙上還盛行著這麼一種說法，稱說接種牛痘疫苗的人身上都會長出牛毛和牛角，當時，這條沒經查證的假新聞極大的傷害了詹納的名譽，許多「坐而言不如起而行」的人開始包圍詹納他家，對每個來這裡求診的病患吐口水，罵髒話，更有甚者是直接拿磚頭往詹納家裡丟，可以說這時的詹納，成為了人人喊打的過街老鼠，他花費了無數心力的研究成果，帶給他的，只是惡毒的咒罵和無情的嘲諷。

而就在這個詹納被酸民圍剿的危機時刻，有一位女性，他勇敢的站了出來，它就是詹納的妻子凱瑟琳·金斯克多，凱瑟琳原本是一位貴族家的小姐，後來她放棄了貴族的地位和原本衣食無虞的生活，自願跑去鄉下教書，詹納聽到這世界上居然還有人跟他擁有一樣幫助窮人的志向，就跑去拜訪她，後來兩人一見鍾情，志趣相投，遂於一七八八年結為夫妻，此後詹納不管遭到什麼攻擊，凱瑟琳都對詹納不離不棄，守護在他身邊。

愛情的偉大

回到故事內容，那凱瑟琳站出來後，要怎麼捍衛它的老公呢？原來，事情爆發以後，看到老公陷入絕境，凱瑟琳一不做二不休，直接把她僅有的積蓄砸出來幫詹納出版他的書籍，就有點類似自費出書的概念，別人不出那我就自己來，一七九八年，在凱瑟琳的助攻之下，詹納出版了《關於牛痘預防接種的原因與後果》一書，不過事情至此還沒完，接著，凱瑟琳又帶著老公前往倫敦尋求可以認同詹納的名醫，一路上，他們同那群死纏爛打的酸民奮戰，又跟那群自視甚高的庸醫辯論，最後總算是皇天不負苦心人，詹納的學說終於得到了醫界認可。

雖然這段被圍剿的過往很是黑暗，但自從得到了醫界認可後，質疑詹納的人越來越少，由此也可見到，一個好的賢內助對於老公的事業有多大的幫助，風波平息後，詹納跟凱瑟琳依然選擇了回鄉下住，詹納曾經表示：「在任何地方，只要能看見凱瑟琳的笑容與平安，任何對我的攻擊都不算什麼！」

一八一五年，詹納的守護天使凱瑟琳先他一步踏入天國，八年後，詹納也離開了人世，享壽七十三歲，死前，詹納留下遺囑，希望能和妻子葬在一起，安息在鄉間，聽鳥兒啁啾、小溪歌唱。

詹納去世後，人們為了紀念他的偉大貢獻，給了他一個「疫苗之父」的稱號，一九八〇年，詹納生前最大的希望終於實現了，天花從此再也不復出現在人類的生活中，二〇〇二年，英國廣播公司 BBC 舉辦了一個票選歷史上最偉大的一百位英國人的電視劇，最後的票選結果出來，詹納被排在第七十八名的位置，除此之外，有關詹納的各種雕像，以其命名的醫院、博物館更是多不勝數，甚至連月球上的隕石坑都有拿詹納命名的。

不過，雖然詹納獲得的榮譽如此之多，可對詹納而言，真正的讚賞，絕對不是這些外在的裝飾，而是在於他窮盡一生去研究的心血真的能造福社會大眾，實現消滅天花的理想。對他而言，或許才是最好的肯定吧！

靦腆害羞的科學怪人

卡文迪什與他的沉默傳說

姓名：亨利．卡文迪什

性格：典型亞斯伯格症患者，害羞到不敢跟任何人搭話。

經歷：整天宅在家裡，沒什麼值得提的經歷。

貢獻：測量地球密度，證明了水並非單質。

重要性：★★★☆☆

知名度：★☆☆☆☆

隱藏技能：【隱形果實能力者】究極邊緣人，減少被敵方發現的機率

【孤獨的魔法師】無法邀請異性角色結盟，嗚嗚嗚。

追求完美是一種不切實際的幻想，但是如果將它運用在科學上，那潛力將無可限量。這篇文章要講的人物是卡文迪什，很多人一聽到他的名字，首先想到的不是什麼偉大的發明，而是他那古怪的個性。

沒錯，就某方面來講，他的個性的確比他的發明與發現來得有名，這位生性怪癖的亞斯伯格症患者，不僅從來不主動和人說話，還僅因為「浪漫」二字，就將劍橋大學的學歷放棄。種種令人匪夷所思的舉止，讓他能夠榮登自啟蒙運動以來最搞怪的發明家之一。

個性歸個性，卡文迪什在科學方面還是很有貢獻的，他被後世尊稱稱為「化學中的牛頓」、「最傑出的科學怪人」，這名號可不是喊假的，他證明了水並非單質、預言了空氣中不只有氮氣、氧氣、二氧化碳三大氣體。且令人訝異的是，牛頓遲遲無法算出的地球質量，卡文迪什一個人就在房間內鑽研出來了，他利用萬有引力的相互影響，精確測量了地球的密度，在數百年間未受推翻。彷彿在和歷代的所有科學發明家說：「搞什麼研究團隊，我一個人就幹翻你們全部啦！」

突如其來的遺產

法國科學家巴蒂斯特．必歐（Jean-BaptisteBiot）曾經說過：「卡文迪什是有學問的人中最富有的，也很有可能是富有的人中最有學問的。」沒錯，卡文迪什從小出身於貴族家庭，爺爺和外公都是封建社會裡等級最高的貴族——公爵。他的父親生前也任職大官，是英國皇家學會的重要成員之一，醉心於科學實驗，發表權威論文無數，是當時講話最有份量的知識份子。

卡文迪什雖然是官二代，但從小就不大愛跟別人說話，朋友屈指可數，他把教科書當作自己最好的親友，成績也因此比別人來得優秀，十八歲時，卡文迪什進入劍橋大學的聖彼得學院就讀，接受了嚴格的數學訓練，不過就在他即將通過考試拿到學位的前夕，他竟然主動申請退學了！

具體的原因不得而知，有學者認為是卡文迪什不爽考試內容裡增加了神學測試，認為這是一種對科學的汙辱，另一派學者認為，退學是當時的一種流行風潮。

人嚴肅久了會生病，在那個以理性為核心的啟蒙時代，每一句話都要講求根據，每一篇文章都要追求精準，久而久之，有一群人不滿了，這群追求浪漫主義的叛逆青年們意圖逆時代而行，在圈子裡形成了一股特別的「浪漫次文化」，整天傷春悲秋、雪月風花，觀賞一些看起來很有意境、很美的事情。用我們的角度來看，就是那種很假掰的文青。

他們喜歡美，那缺憾美，也理所應當成為了他們共同追尋的目標。所以呢，大家都在畢業前夕退學了。

後者推斷看似挺不合理，但是與卡文迪什同屆的學生中就有超過一半因此放棄學位。離開劍橋之後不久，亨利·卡文迪什就開始跟隨父親參加皇家學會會員的聚會，一直沉迷在科學中無法自拔，並在諸多研究上取得了斐然的成果，可能再也沒有其他人能像他一樣沉醉在科學中樂此不疲了。可惜的是，由於個性害羞靦腆，他的實驗報告他都只讀給朋友聽，並未發表。

四十歲那年，亨利·卡文迪什的父親與姑母分別去世，他先後繼承了兩大筆巨額遺產，大筆財富讓他著實有些手足無措，雖然出身貴族，但卡文迪什生活一直很儉樸，三餐只要求七分飽，衣服穿到破洞還縫補丁繼續穿，到底要拿它幹嘛呢？我拿著也沒用，送人又嫌浪費，乾脆來助長自己的興趣好了。消耗不盡的遺產，全都被卡文迪什用來購置昂貴的實驗器材和圖書。

從此，卡文迪什的家中堆滿了各種當時最先進的測量儀器，環境極其雜亂，東西堆到看不見家具的樣貌，他雖然是為了「美」退學的，但本人不是懂得欣賞美術的人，後來為了方便做實驗，他乾脆把自家別墅裡富麗堂皇的裝飾全都弄走，美麗的大理石牆壁，精雕細琢的石柱，價值斐然的經典名畫，全被卡文迪什一槌子砸了。

卡文迪什把大客廳改造成實驗室，臥室改造成觀像台。為了方便攀上大樹觀測星象，還在別墅前面的花園上豎起跟兩旁美景格格不入的大木架子，把花園的整體美感與比例都破壞了。要知道，這可是祖上好幾代前傳下來的大豪宅啊！是先人們一步一腳印，靠著汗水凝結成的結晶，要說也算得上是半個古蹟，如今你大拆特拆，一點眷戀都沒有，也不知道天上的老祖宗們作何感想？

但是，正是在這個「殘破不堪的」家裡，卡文迪什發現了水的組成、電阻定律，後來又驗證了牛頓的萬有引力定律，確定了引力常數和地球平均密度。

害羞的患者

卡文迪什的這些不符合常人之舉，或許與他的個性有關聯。按照現在的醫學角度來說，他可能天生患有亞斯伯格症候群，這種病症不易根治，患者會出現社交障礙的困難，遇到陌生人容易徬徨恐懼，嚴重者甚至會像卡文迪什一樣，跟任何人接觸都會覺得局促不安，靦腆的幾乎到了無以復加的地步。他不敢去請繪師畫畫像，以致於後來流傳下來的畫像只有寥寥幾個，而且大多是後人憑借一些不可靠的資訊，想像出來的，而又偏偏是個大眾臉，所以有畫等於沒畫……。

卡文迪什在家裡興建了自己的樓梯與入口，避免與僕人們頻繁打交道，他的大多數時間都是在房間內度過，用餐時間到時，便在紙條上寫上自己想要吃的東西，從門的縫隙將紙條放到外頭的地毯上，女僕們經過時，便知道該給他準備什麼樣的食物了。

據說卡文迪什很喜歡吃羊肉，十次有九次都是寫「一隻羊腿」，久而久之，僕從在處理飲食方面時，就只固定買那幾樣菜了。據說有一次卡文迪什邀請戴維去家裡用餐，這位老兄樂得屁顛屁顛的，心想：「這麼個富二代，飯菜肯定豐盛得令人眼花繚亂。

山珍海味！龍肝豹膽！想吃多少就有多少，美味得讓人胃口大開！」飯菜上桌，他傻眼了，就一隻羊腿！他以為這只是前菜，所以很快就把它吃完，並暗示可以出下一道了，女僕又端來一盤菜，鍋蓋一掀開……還是只有一隻羊腿！

關於投資的瑣事

卡文迪什在經濟層面上，也很有獨特的想法。我們都知道，卡文迪什是個有錢人，自祖父輩所繼承的遺產足夠讓他花上三輩子。但他根本沒能力打理這些財產，想學人玩股票，卻不知道怎麼玩，每個月都固定投資同一家公司，不論漲跌都只買他們的股票。

別把雞蛋放置在同一個籃子是常識，可惜天才般的卡文迪什始終不了解這句話的涵義，有一位好心的助理建議別這麼幹，並推薦他投資另一股票，惹得卡文迪什勃然大怒，要脅他不准再提這事，不然就解雇他。

事實上就某方面來說，卡文迪什也算是一個「成功的投資者」，他曾在偶然的機會下，認識了青年科學家漢弗萊．戴維，當時戴維生活很窮困，沒有人資助他做貴金屬鉑金的實驗，卡文迪什便慷慨贊助實驗器材與經費，而這位年輕的小夥子，後來成為有史以來發現化學元素最多的人，而他也是燈泡、礦工燈的發明者，被後世敬仰為「無機化學之父」，名氣甚至比卡文迪什本人高了。除此之外，由於卡文迪什不善交際，又不願撰寫回憶錄（他害怕受到關注嘛），所以戴維便順手擔任了史學家的身分，偷偷記載他的一舉一動，這成了卡文迪什生平資料的主要來源。

戴維雖然與卡文迪什有不少交集，但能入得了卡文迪什法眼的，也許只有書。卡文迪什簡直愛書愛到了走火入魔的地步，把它們當作心頭肉對待，不准皺褶、不准刮痕，每一本書都被分門別類地編上了號，無論是他人借閱，還是卡文迪什自己閱讀，都毫無例外地需要履行登記手續，閒來無事時，卡文迪什還會慢慢清點書籍數量，防止遺漏。搞得跟市立圖書館一樣。也許在我們眼中，這些東西只是一些古板枯燥的學術論文，但在卡文迪什眼前，這就是他活著的理由。

卡文迪什患有很多有錢人的毛病，其中一點就是對金錢沒有概念。大清時期的光緒一直以為茶葉蛋是很昂貴的奢侈品，外面的老百姓是吃不起的，所以每次想吃茶葉蛋時，他都以一顆三十四銀兩的價錢交付大臣（相當於今日的三萬台幣），請他們跑腿去買。有一次卡文迪什的一個僕人病了，需要花錢治病時，卡文迪什隨手便開了張一萬英鎊的支票，拿到支票的僕人，瞬間目瞪口呆：「慷慨的主人啊，您雖然上知天文，下知地理，卻不知道一萬英鎊是多大一筆財富，就像不知道他的研究，對人類來說又是怎樣的一筆財富！」

除此之外，卡文迪什還曾經花費重金購買電流測試儀，但他用了兩次就扔掉了。比起依靠機器幫助，他更喜歡「親手實踐」，直接用手抓住電線，以「手有多麻，電流就有多強」的原則進行測量，結果往往與儀器數據相仿。

靦腆科學家

美國紐約石溪大學哲學系教授克里斯（RobertP．Crease）說：「當卡文迪什不得不忍受與人接觸時，經常撇開眼神望向一旁，一旦受不了還會衝到室外去。有時候他來到門外，一見室內人群擁擠，就會渾身僵硬地站住，完全沒辦法踏入門內。散步時，他總是在同一個時間走在同一條路線上，而且會走在路中間，以免偶然碰到別人。」

人類是群居動物，無法獨自一人生活，即使是最聰明的人，想要在社會上生活，就必須與同類打交道。卡文迪什雖然極力躲避人群，但社交依然是不可避免的問題。

著名博物學家約瑟夫・班克斯（Joseph Banks）每週在家舉行一次科學界名流的聚會，雖然這只是一個沒有強制性的交流活動，但卡文迪什臉皮薄，不好意思拒絕，只能硬著頭皮參加。班克斯深知卡文迪什的為人，每次聚會前都會特別告誡其他賓客：「不要靠近那個待在角落裡的人。如果你一定要請教他問題的話，必須裝著不在意地晃悠到他身邊，彷彿不是有意的，然後只當那裡沒有人那樣說話，如果卡文迪什心情好，也許會悄悄開口，說出一個含糊的答案，但如果心情不好，或者是你離他太近的話，他就會尖叫而起，奔向另一個更安靜一些的角落。」

仔細想想，這個動作其實挺可愛的吧？我們再舉例一個更可愛的，有一回，他打開房門，只見門口站著一位情緒激動的小老兄，他是卡文迪什的頭號粉絲，從奧地利遠道而來，只為了見先生一面。小粉絲看到卡文迪什眉飛色舞，對他就是一頓誇讚：「卡文迪什先生！我把您的論文全都讀過一遍了！您真是我的偶像！」

卡文迪什聽著那些讚揚之詞，臉頓時紅得跟關公一樣：「我……我……我……啊！！！」卡文迪什發出一陣尖叫，回頭把大門給閉了，一邊繼續吼叫，一邊往後門跑去，之後連門也顧不得關上就順著小路飛奔而去。幾個小時以後，人們才在路邊的一棵橡樹上找到他，耗費苦勁才將其勸說下來。

成果與發明

相信各位讀者們小時候都曾聽過一些科學家的有趣故事，比如蘋果打到牛頓的腦袋，阿基米德躺入浴缸、斯本塞誤帶巧克力入工作室等，我小時候，爸媽總是叫我閱讀這些書籍，期盼我能成為像他們一樣的人物。等到長大以後我才發現，這些書籍雖然能引起孩子們對科學的興趣，但幾乎沒辦法讓小孩得到什麼，更別說是啟發小孩了，故事主軸雖然是以「改變世界」為初衷，然而那些小故事們幾乎來自於科學家不經意的靈光乍現，他們忽略了努力的重要性，以致於我們從小便對「頓悟」充滿憧憬，希望將來能夠忽然「悟」出一個名留青史的大發明。

比起這些偶然的成就，卡文迪什的科學歷程苦難真實許多（雖然他應該覺得不苦啦），他擅長於測量與觀察，為了捉摸清楚一個元素的特性，可以連續十幾個小時待在測量器前，甚至是不吃不喝長達數天，也正是因為這種不屈不撓的個性，使他勇於突破自我，創下了許多科學界的第一：第一個發現二氧化碳、第一個發現惰性氣體、第一個發現硝酸、第一個分離氫氣，第一個將氫和氧化合成水。而最令人津津樂道的，當屬於測定地球密度。

檢測地球密度的方法很簡單，那就是利用物體對萬有引力的吸引力，來推導出答案。說來簡潔，但過程卻相當繁複，由於此類實驗對外在因素的干擾很敏感，使得實驗結果總是大相逕庭，一次是 $6g/cm^3$，下次可能就變成 $4g/cm^3$ 了。更頭痛的是氣流的干擾；身體移動會帶動氣流，光源照射會帶動氣流，體溫所造成的溫差也會產生氣流……。

卡文迪什到底是如何克服氣流困難的呢？容許我先賣個關子，出一道選擇題給各位動動腦，下面哪一個選項才是對的呢？

（A）硬漢操作：無視氣流干擾，測量一百次，之後再整合出平均數據

（B）匠人風格：發明時光機器，穿越到未來查看答案

（C）幽閉密室：把窗戶和縫隙都用水泥給封起來，自己躲在外面操作

（D）天人合一：祈求媽祖，希望她託夢告訴答案

呃，我好像出的太簡單了。

甭想也知道，答案是C，卡文迪什將實驗室的窗戶用黑布蓋上，將一切能與外界

對流的縫隙全部密封起來，他將實驗器材放在黑暗密閉的房子，本人在屋外操縱實驗。反覆計算了將近百次，最終推導出地球密度是水的五點四八倍，這個結果與現代儀器測量的結果相比只有不到百分之一的誤差，在那個連實驗室溫度都無法固定的年代，簡直是神一樣的操作。

卡文迪什的實驗不僅改變了世界的脈絡進展，也同時證明了天下無難事，只怕有心人，世上再困難的事，只要下定決心堅持到底，老天自然會為你開出一扇嶄新的窗！

科學怪人的死訊

一八一〇年，七十九歲的卡文迪什已經年老體衰，體弱多病，很難再做那些極需專注度與耐心的測量實驗，甚至連最基本的工具測試都很有困難，他似乎有感於死期將至，宣布所有僕傭薪假一星期，未到規定時間不得擅自回來。看著僕人們一個個離去的身影，卡文迪什轉頭把房門鎖上，開始了人生中最後一次奮鬥。

在這一個星期內，卡文迪什像是打了雞血一樣，使出渾身解數，拚了命地撰寫畢生所學，只希望能夠留給後人、改變世界。在書桌上，卡文迪什的學術論文正飛速般地產出，一頁文章寫完，又接著蓋上一頁白紙，一個星期過後，僕人歸來時，這位穿著一件褪色的天鵝絨大衣的老人，已孤獨地離開了人世。唯一留下來的，是書桌上堆疊的二十捆關於數學和電學的手稿，看似花了很多時間且寫得十分工整，這些是他的科學結晶，論文中的論文，極品中的極品。

歷史往往弔詭多於正常，感傷多於歡樂，如果卡文迪什的文章在死後第一時間發表，肯定會轟動整座科學界，他也會成為最偉大的科學家。誰知他那愚昧的侄子齊治在處理相關遺物時，竟然不將他公開發表，而是把所有的實驗筆記當作普通書籍處理，全部放進了昏暗的書櫃裡，不見天日。

卡文迪什把這些東西放在書桌前，還擺得整整齊齊的，就是因為自己難以啟齒，想請你們代為發布啊！你這侄子怎麼就這麼不懂人心呢？要是在當時就發表的話，人類科技肯定會比現在進步很多，真是一次偉大的錯過。

一直到了七十年後，劍橋大學的物理學教授——麥克斯韋（James Clerk Maxwell），偶然之下重獲這些充滿著智慧和心血的筆記，他仔細閱讀了前輩在一百年前的手搞，不由得跌下椅子：「卡文迪什也許是有史以來最偉大的實驗物理學家！他幾乎預料到電學上的所有偉大事實！」他決定擱下自己的一些研究課題，定下心來整理這些手稿，使卡文迪什的事蹟得以流傳下來。

兩位科學家跨越時空合作，不愧是歷史上難得一見的佳話。只是此時，卡文迪什當年那些超越時代的成就，已經被後輩所發現，他沒辦法享受第一名的殊榮了。麥克斯韋縱使百感交集，也無法挽回已經逝去的歷史，只能感慨一句：「他把自己的研究成果捂得如此嚴實，以至於電學的歷史失去了本來面目。」

結語

卡文迪什的故事就這麼結束了，綜觀他的一生，他的發明與發現雖然足以讓他永遠受人敬仰，卻因為靦腆不敢發表，沒有受到什麼關注。他可以稱得上是全然喜愛科學的人，做實驗不是為了功名，不是為了名聲，更不是為了金錢，完全只是興趣使然。

可惜，命運之神好像是在故意捉弄人一樣，證明自我的最佳時機，在姪子的一念間悄悄溜走了，假如卡文迪什的手稿能順利公開，他將成為與牛頓相並肩的偉人，現今理化教科書的主角就不單只是牛頓一人，中小學生們將代代背誦卡文迪什的各種偉大功勳……。

但是，作為後人的我們，也不要一味的栽在同情憐憫上，最近史學界發出了幾種新興看法，表面看起來挺幽默，實際上卻令人細思極恐，他們認為，以卡文迪什不能預測的行事風格來說，搞不好他是故意這麼做的，就是調皮地想看看我們找到他的紙稿後的那種悲憤交加的的模樣——哈哈哈，你們這些庸人，蠢爆了！你們的智慧對我來說，簡直是 too young too simple！我就是個做興趣的民間學者，要不要公布能由你們決定嗎？哼！來咬我啊！

誰說做夢是浪費時間？

門德列夫和他的週期表

姓名：門德列夫
性格：易怒暴躁宛如一顆不定時炸彈
經歷：職業級吵架王，以三寸不爛之舌挑戰歐洲各大實驗室主人，無一敗績。
貢獻：週期表
重要性：★★★★☆
知名度：★★★☆☆
隱藏技能：【夜之傳說】只要在夜晚時分讀書，智商與精神會帶來高額屬性加成。
【美髯公的代價】留著一綹大鬍子，吃東西很不方便，故延後10%補血速度。

「氫鋰鈉鉀銣銫鍅……鈹鎂鈣鍶鋇鐳……」這種像是某種召喚魔咒還是什麼鍊成陣的咒語，想必大家在國高中時期都曾經聽過，在外人耳中這或許真的跟咒語相去無幾，不過熟知內幕的人應該就不會這麼想了，這就是大名鼎鼎的週期表上面的鹼金族和鹼土族兩種分類下的元素（氫不算在內）。其他比較耳熟能詳的還包含了所謂的五金──金銀銅鐵錫、拿來做溫度計指示物的水銀、生存賴以為生的氧氣以及其他，凡此種種，不一而足。

可以說，元素構成了我們所看見的世界，舉凡我們吃的喝的用的玩的，都和元素脫不了關係，所以那些學週期表學到懷疑人生的學生們可不能再說「學這個有什麼用，又不能當飯吃」了，米飯的主成分碳水化合物也是由碳、氧和氫所組成的。

為什麼週期表要叫做週期表，不叫做什麼元素總表啦、元素大雜燴啦之類的，硬要冠上「週期」二字？還有，週期表最一開始到底是依照什麼理論建構的？以及，到底是誰替這些元素命名的？以上這些問題，都可以在文中找到解答！

俄國人的傑作

一般來說，我們所聽過在物理化學界有傑出貢獻的人好像都是西歐或是美國人，舉凡牛頓啊、焦耳啊、瓦特啊、拉瓦節和富蘭克林等等，似乎很少聽過有其他國家有這樣的人，這或許情有可原。第一，西歐相對其他地方較早接觸理性思考，啟蒙時代和科學革命為他們帶來了不一樣的世界觀，於此同時東歐各國還在施行漫無天日的農奴制，君主仍然掌握絕對的權力，平民老百姓如果遇到一些難以解釋的事情，只會求神問卜，而不會真正地找尋事情的源頭。不過事情總是有例外，例如以發現「鐳」元素聞名的居禮夫人就是來自波蘭，還有描述電磁關係的冷次定律的發想者，海因里希・冷次，他是德意志裔的俄國人，以及本篇的主角，首創具現代意義的週期表的俄國人——德米特里・伊萬諾維奇・門得列夫。

門得列夫出生於一八三四年的西伯利亞。在十七個孩子裡排行老么。門得列夫母親的祖上是開拓西伯利亞的大功臣之一，由於曾經和當地韃靼人通婚過，門得列夫的兄弟們都有點蒙古人的樣子，但唯獨門得列夫除外，他就是個徹頭徹尾，標準的沙俄人民：一副桀傲不遜的大鬍子、高大壯碩的身材、白襯衫搭配加厚禦寒的黑色西裝外套、口袋裡躺著一罐鐵製小酒壺，簡直是當時沙俄人的一貫特色。

所謂西伯利亞的意思，翻譯過來就是「寧靜的土地」，但與其用寧靜來形容，「酷寒」或許是更適合它的詞彙。如今的俄羅斯也沒多少人住在那裡，政府還得祭出優惠措施鼓勵移民，更別提當時那種農奴當道、科學不興的俄國了。

門德列夫的父親在他出生不久後失明，家計全由母親管裡一家玻璃工廠的收入來支撐。到了萬惡的十三歲那年，門德烈夫不知倒了什麼霉運，先是父親過世，再來就是賴以維生的玻璃工廠在熊熊大火之中被吞噬殆盡，這恐怕是門得列夫一生之中看過最壯觀的氧化反應了（燃燒就是激烈的氧化反應喔！而鐵釘生鏽也是氧化反應，但相對起來比較慢。）

從被教到教書

這下可好，以後的日子要怎麼過下去呢？幸好門德列夫的媽媽是個女強人，她深明知識的重要性，決意將這個有學習潛力的么兒送去接受高等教育。說到教育，門得列夫小時候學習表現並不好，理由很簡單，那就是學校教的都太沒用處了，整天學習一些古典拉丁文和希臘文，對生活在極寒邊疆的學生能有什麼用處？這就好比跟一個快餓死的乞丐說蘇格拉底的偉大、柏拉圖的理想一樣。

門德列夫的幸運值很高，他姊夫參與十二月黨人起義失敗後，被一腳踢到西伯利亞，從此身兼門得列夫啟蒙導師的角色。補充一下，所謂的十二月黨人起義乃是一群年輕的自由派軍官要求一個立憲政府所引發的叛亂，參與這場行動的人毫無疑問都接受了當代的先進學說，可謂是國家的中堅分子。不過，當門得列夫想要申請莫斯科大學時，卻因為沒有西伯利亞區域的配額而被拒絕，對其他學校的申請也都吃了閉門羹，不死心的母親來到了聖彼得堡，靠著門得列夫已故父親的關係，終於進入聖彼得堡大學學習數學和自然科學。眼見兒子得以接受高等教育，年事已高的母親在不久之後便含笑九泉了。

就這樣，咱們的門得列夫終於進大學念書了，就跟現今臺灣普遍的大學生活一樣，門得列夫在這段日子過得很舒暢，充滿著歡笑以及無俚頭的事情。他偶爾會唬爛同學說自己是由西伯利亞的原始韃靼人扶養長大，一直到十七歲才會說俄文，由於他說話很有說服力，同學基本上都被唬得一愣一愣的。依照不成文民族刻板印象，韃靼人就是強壯、高大、永遠不會生病的象徵，就跟日本人眼中的阿伊努人，中國人眼中的東北人差不多。但他的健康狀況並不好，整天都在請病假，不知他的同學會不會因此懷疑他的「出身聲明」呢？

除了虛弱的身體外，門得列夫脾氣也不太好，稍微沒有拿捏好分寸，這顆不定時炸彈便會呼嘯引爆，有時候他生氣到一個極致時，甚至會抬起右腳，猛力不停地踩在地上，顯得格外搞笑。他的壞脾氣早惡名遠播，朋友沒事都不會去主動打擾門得列夫，深怕他腦袋一熱，又開始爆氣。

儘管情緒管理有待加強，但門得列夫在學習上的表現是無庸置疑的棒，這也替他爭取到了前往克里米亞教書的資格，當時克里米亞是個什麼地方？相當於柳宗元做官時的永州，就是個鳥不生蛋的蠻夷之地。有說法認為門德列夫態度很跩，曾經惹毛教育官員，才會換來這樣的「流放」之刑。不過門得列夫本人倒是不介意，他開玩笑說：「沒有關係啦，南方的陽光會讓我的病情好轉。」拿起行囊盤纏，欣然起行。

慘烈的克里米亞戰爭

經過幾個月的奔波，他終於抵達克里米亞，門德列夫這才發現，原來當地正陷入克里米亞戰爭的泥淖中，俄國與英、法、土為爭奪小亞細亞地區權利打得不亦樂乎，俄軍奮戰於塞瓦斯托波爾兩岸，聯軍師團向塞瓦斯托波爾推進，熊熊戰火使山河沸騰，大地上只見濃煙滾滾。門德列夫連書都沒法教了，只能緩緩靜待戰爭結束。

這場戰爭比原先預估的損失高多了，俄國總傷亡超過四十萬以上，西方聯軍亦有二十餘萬傷亡，硝煙味與腐臭味充斥著整個半島，各大經濟要地被夷為平地，大家認為，此時我們的科學偉人門德列夫會怎麼做呢？

（A）向俄國境內發起募款，營救克里米亞小兄弟。

（B）繼續教書，為戰後復興貢獻一番心力。

（C）為了自己的前途倉皇離開，另尋他處。

（D）參加戰後建設計畫，以科學拯救災地。

你以為所有歷史名人都是有血有肉有感情的偉人嗎？猜怎麼著，門德烈夫跟其他歷史上的大夥們明顯不同，他是一位個人主義者，才不管你們的生死呢！斷然寫下C選項交卷，人類的死在他眼中，也不過是一個有機生物停止生理運作罷了，關我屁事！不值得憐惜！

門德烈夫覺得此地被炸得不成模樣，短時間內大概沒辦法振作了，於是不顧道德上的譴責，匆匆返回聖彼得堡，當時此地乃是俄國文化、經濟、科學中心和交通樞紐之一，然而相較起來，化學技術就顯得不那麼重視了，還是很落後，門德烈夫歸來後馬上後悔，這些破爛實驗室沒辦法滿足他的研究熱情。後來在一次偶然的機緣下，他獲准用公費去歐洲進行為期兩年的研究。

輾轉於各大實驗室

他首先來到了巴黎，之後輾轉到了德國，聽取著名光譜學家基爾霍夫的講課（光譜學正是可以辨別物質內含有什麼元素的理論基礎）。不過，基爾霍夫雖富有智慧，卻不擅表達，呆板無起伏的聲音和冗贅的句子對門得列夫來說簡直是種折磨，他待了幾堂課後終於忍不住，悄悄離開基爾霍夫的教室，轉而和另一位光譜學家本生一起進行究。

對，就是發明「本生燈」的那位仁兄，他不但很有腦袋，還很有錢，他所創立的實驗室，裝備了各種那時候最新型的測量儀器。總之，門得列夫待在德國第一、歐洲數一數二的實驗室中進行操作，不僅開拓了他的視野，也讓他有機會接觸最新的化學新知，一言以蔽之，門得列夫現在的狀況可說是讓很多學化學的人羨慕不已。但，這一切又被他的壞脾氣給搞砸，宋朝理學大師朱熹有句名言道「為學乃能變化氣質耳」，門德列夫雖然飽讀詩書，但是氣質還是差得很，因無關緊要之事與本生吵架，一怒之下離開實驗室，自己去做自己想要的實驗了。

雖然離開了本生，卻不代表他的學業因此荒廢，靠著一點天份和平常的努力，一八六〇年，他參加了在德國舉辦的第一屆國際化學會議，會議中他對於原子的性質和原子量有了更多的認識，這注定會在他的未來提供幫助。

精彩的教職生活

隔年，門得列夫返回俄國並在技術學院任教，也就是在這一年沙皇亞歷山大二世頒布了解放農奴的敕令，一夕之間農奴都成了自由之身，不過卻也帶來一連串的負面效應，地主為了抗衡而將雇用農民的標準變更嚴苛，一大群農民根本找不到土地耕種，失業率大增等，革命民主主義開始萌芽，國家動亂不安，暗示著不久的將來，俄國將爆發一場農工階級的起義……。

回到正題，以現代眼光來看，現今臺灣學校的教職生活可謂是一成不變，同樣的教課內容，同樣的三年一輪，同樣的師生關係，不只是學生，連老師都覺得無聊，相比之下，門得列夫的教職生活可精彩多了。此時俄國逐步西化，開始建設現代化的學校了，他們將語文、數學、化學定為三大學習指標，前兩者的教科書都已經請專人寫好了，不過唯獨化學空缺，怎麼找也找不道一本像樣、可供學生閱讀的書籍，這是為什麼呢？俄國太不注重這方面了，他們地處歐洲邊緣，守舊不知時代變化，化學知識還停留在中古時期，門得列夫於是主動幫助政府，在短短六十天內寫出一本五百多頁的教科書。我的老天，我寫第一本書時寫了四個月，也只寫出三百六十餘頁而已，門德列夫效率之高，可真不是我們能做到的。

靠著這本書，門得列夫不但打響了名號，生活狀況也獲得改善，他買下了一個莊園，雇傭一些農民來耕種並傳授他們現代的農藝方法，以至於他的田地產量總是比別人多，不僅其他農民感到訝異，連政府也對他投以好奇心，協議門德列夫教導他們技術，門德列夫很是聰明，俗話說「教會徒弟，餓死師傅」，門德列夫深明這點，在過程中不坦誠相教，使政府與門德列夫的合作時間拉長很多，也使他可以倚靠政府的特殊關係遊走法律，門得列夫在二十九歲時結婚，但不久後即告吹。當時法律規定再婚必須間隔七年否則以重婚罪論處。但門得列夫才不管這些直接給她結下去，有人向時任沙皇亞歷山大二世建議免除他的教職，沙皇深情款款地說：「門得列夫有兩個太太，但我只有一個門得列夫！」

在門得列夫三十二歲那年，進入了俄國的第一學府，聖彼得堡大學任教，相當於現今臺灣的臺灣大學、中國的北京大學一樣，在那工作、學習的人不外乎都是菁英等級，他為了課堂需求開始編寫教材《化學原理》共十二冊，而也就是在此時，門得列夫遇到一個難題：「我已經在第二冊中寫完了鹼金屬族的元素探討，那麼接著呢？」（此處稍稍打斷一下，化學中所謂的「族」乃是一群化學性質相同的元素，大家可以想成一個家族中的人個性都比較類似。）他需要找出元素之間的規律來完成下一章，甚至後面那幾冊，只是，時間已經不多了……。

創建週期表

上文所說的時間不多，並不是指門得列夫得了什麼絕症還是怎樣，大家可別想歪了，他有一場酪農工廠的會議和農場的參訪行程，要是在周末以前沒有搞定，教材可能會開天窗，富有責任感的門得列夫豈能對這樣的事情坐視不管？他開始思索著元素之間一定有什麼關係才對。

當然，他不是第一個有這種想法的人，在他之前就有許多化學家紛紛投入為元素排序的工程中，只是大家都堅持不了這種很需要用腦，而且過程異常無聊的研究，鎩羽而歸。其中一個有意思的故事是，英國化學家紐蘭茲曾經以音樂作為背景理論，認為元素應該像音符那樣是八個一組的。此言一出，引得眾人都鬨笑起來，室內外真的充滿了快活的空氣，大家都在揶揄他怎麼能把音樂和化學這兩件是相提並論呢？既然紐蘭茲這麼說，那是不是代表以後音樂家還可以身兼化學家製作化合物或調配藥品呢？雖然他的想法在日後被證實確有其可觀之處，但由於理論實在太奇怪而遭到埋沒。

如今門得列夫也面臨了一樣的狀況，他依照原子量（也就是質子加中子的數量）

來給原子排序，卻依然找不出什麼關係。他發現某些元素雖然原子量相差甚大，卻有著類似的性質，而有些元素雖然原子量相近，但性質截然不同。在此先稍稍劇透一下，簡單描述一下這是怎麼回事。在現今的週期表上，鈉和鉀的原子量相去甚遠，但其性質卻很相似，都是那種丟到水中就會有劇烈反應甚至爆炸的；然而，在鈉右邊的鎂雖然原子量相近，但性質卻很安定，這就是門得列夫所觀察到的問題。

雖然問題已經明瞭了，卻依舊沒有進展。突然，門得列夫想起平時在玩的紙牌遊戲，聯想到如果花色比做「族」，數字比做原子量，就可以得到一串遞減（要說遞增也不是不行啦）的數列，這和他所追求的表格幾乎是相去無幾了！但，在幾天的高強度思考下，他累得滿眼血絲、青筋綻出，只要一瞬間的放鬆便足以使人一覺到天亮。筋疲力盡的門得列夫才剛想到解決方法，還沒來得及高興的狀況下，眼皮突然一鬆，迅速被疲勞吞沒而沉沉睡去。

這時，要是他一覺起來把所有東西忘得一乾二淨那可就完蛋了，但不知道是不是上天眷顧這個燃盡生命也在所不惜的人，他做了一個夢，夢中他看見一張表格，那上面清清楚楚地將所有元素給歸位，這就是他所要追求的。門得列夫從夢中驚起，大聲呼叫：「就是這個！就是這個！」衝往書桌抓起紙筆，把他夢中所見一絲不漏地寫下來。就這樣，具有真正現代意義的週期表終於問世啦！（還好門德列夫有把握好時機，據美國《赫芬頓郵報》載文，夢很容易被大腦忘掉，醒來後五分鐘，夢的內容會忘掉百分之五十，醒來後十五分鐘，睡夢細節會忘掉百分之九十。）

之所以命名為週期表，可不是隨便取的，性質類似的元素會週期性的出現在下一「族」。當然，這份週期表仍有不少待改進之處，譬如無法解釋現象，沒有除了周期性之外的理論基礎，但它的最大貢獻在於成功預測了還沒被發現的元素，這得利於門得列夫大膽在表格上留空的舉動。隨者時代改變，週期表裡的元素越來越多，逐漸完成成一個體系，週期表預言了上帝對萬物的安排、所有物質之間千絲萬縷的關係，周期表在科學史上的定位不像是一個科學成就，反而更像是一個大發現，種種缺空、隱藏的面紗，正著科學家們去掀開它呢！

題外話：元素的命名？

元素，毫無疑問出現在週期表之前，有些元素很早就進入我們的生活之中，因此他們的名字也出現的早，金銀銅鐵之類的便是如此。當然，也有其它很有趣的命名方式，一起來看看吧！

以顏色或氣味命名：這一類的代表分別是氯（Cl）和溴（Br）他們分別來自於代表黃綠色和惡臭的希臘文。

以國名或地名來命名：這一類的有銪、鋂、鍅、鈧和釕（Eu／Am／Fr／Sc／Ru）分別代表歐洲、美洲、法國、斯堪地那維亞和俄羅斯。

以人物命名：這一類有鑀、鍆、鋦（Es／Md／Cm）等等，分別紀念愛因斯坦、門得列夫和居禮夫人。

以神、精怪或天體命名：這類包含鈦、硒以及鎳（Ti／Se／Ni）這些元素的命名緣由分別代表著巨人泰坦（無堅不摧）、希臘文的月亮（顏色跟月亮很像）、德語中的鬼怪（傳說鎳是一種居住在山洞裡的淘氣妖精，會在工人們冶煉銅礦時對他們惡作劇；有一種金屬會參雜在銅礦上，間接阻礙了它的冶煉，所以工人們乾脆一語雙關，把那種金屬也叫做鎳。）

以上是外國的命名方法，讀者們閒暇之餘也可以自己試著猜猜看每種元素的命名來由。接下來介紹中文的命名方式。

中文的化學命名法則來自清末化學家徐壽，撇開那些已經有名字的元素不談，他採用表示性質的部首偏旁和與外文第一音節相近的中文字組合發明新字。假如元素帶有金屬性質便給它「金」部，液體是「水」，氣體和非金屬則分別是「气」和「石」。其中也有一些是來源於性質，例如上面提到的氯和溴，分別取用了綠的偏旁來表示它的顏色和用臭來說明其氣味之難聞。

對了，來補充個小知識吧，中文裡帶金的字幾乎都是明朝王室發明的，我先列舉幾個明朝王爺們的名字，大家就明白了：朱公錫、朱慎鐳、朱同鉻、朱同鈮、朱在鈉、朱成鈷、朱恩鉀、朱帥鋅……。為什麼他們的名字都要加上金字邊呢，因為皇家後代要有文化品味，必須按照五行相生來取名字，而且為了顧及避諱，還必須選擇生僻字，朱家缺金，所以幾乎每個人的姓名都要加金。據說徐壽在翻譯元素名稱時，就是得到「朱元璋家譜」的啟示，借鑑了明朝諸王的名字。

有了這套中文元素名稱後，以中文為母語的學生在學習上加快了不少，相比起還在用拼音的日本真的是非常方便，也因此誕生了各種背誦口訣，比如類金屬的硼、鍺、銻、碲、砷、矽，被改成「捧著弟弟生氣」之類。

或許有些人覺得門得列夫不過是睡一覺就得到結果，竟然能享受如此崇高的讚揚實在不公平。但實際上門得列夫為了這件事已經連續三天未曾闔眼，他強大的直覺也受惠於他平常對於各種元素的熟知。他的成功絕非偶然，所以，各位讀者們，請把牛頓砸到蘋果瞬間頓悟物理學、愛迪生一覺醒來發明電燈泡的事蹟放到一邊去吧！與其說這些是發明史，不如說是瑪莉蘇式的童話，現實世界可不是這樣運作噠！那些妄圖不費力氣一步登天之人，必將在半途中墜落，摔得粉身碎骨！

電流之戰？聽起來真刺激！

特斯拉與愛迪生的恩怨情仇

姓名：尼古拉．特斯拉
性格：孤僻怪怪的，相信擠壓腳趾頭可以幫助刺激大腦細胞。
經歷：曾在愛迪生公司上過幾天班，但是受不了老闆整天開「美式幽默」憤而離職。
貢獻：交流電、無線電報、氖燈、三項電、火星塞等等太多了。
重要性：★★★★★
知名度：★★☆☆☆
隱藏技能：【賢明之眼】超強辨識能力可以分辨出公園內的所有鴿子。【電流狂想曲】+50魔法攻擊，可以製造人造閃電，但有機率電到自己。

在觀看正文之前，我想讓大家先試著模擬一下。今天是一個寒冷的冬天夜晚，你加班加到很晚，終於辦完工作，站了十多分鐘的捷運終於回到家裡，此時已經累到雙眼翻白，兩手僵直，連洗澡的力氣都沒有了，一看見沙發便攤軟地躺在上頭，並蓋上棉被，「累死人了」你嘆了口氣道。忽然靈光一閃，你想趁睡覺前找點樂子，好解除工作上的疲憊，於是四處找尋遙控器，伸手一摸卻發現……遙控器不見了。這時你只好拖著沉重的身軀，如同赴行千百里般去電視前按按鈕。

想到就覺得累吧，相信大家都有過遙控器遺失的經驗，起身來轉台是多麼累人的事情，也可以凸顯出遙控器是多麼的重要，而這遙控器，就是我們這則故事的主人翁尼古拉．特斯拉發明的啦！除此之外，特斯拉還發明了無線電報、氖燈、三項電、火星塞……等等雜七雜八的幾百項發明，而最賺錢對後世影響最遠的當屬於交流電。

既然他發明了這麼重要的東西，那為什麼很多人一生都沒聽過他的名字呢？很簡單，因為他和愛迪生素來不合，後者占盡天時地利人和，經常利用政治勢力打壓他，把他的輝煌都刻意掩蓋住了。

特斯拉的早年時光

「當天生的愛好發展成為一個強烈的願望時，一個人會以驚人的速度向著他的目標大跨步地奔去。」

特斯拉的早年時光過得並不順遂，因為家裡環境不好，曾多次被學校勸退，一連轉了幾次學，不僅不能安穩的學習，甚至沒能拿到畢業證書，但是外在的因素並不能對他影響分毫，在流離輾轉中，他認真學習，一有空就鑽進圖書館裡，艱難地完成了早期知識累積，為他在之後的發明創造立下了結實的理論基礎。

特斯拉的家庭窮困潦倒，他不得不放棄學歷開始工作，有個挺有眼光的雇主看準了他的天賦，雇用了特斯拉，而特斯拉也不負他的期望，發明了世界上第一台感應電機模型。「我的老天爺，你幹了什麼！」雇主實在是嚇死了，沒想到眼前這位長得瘦瘦白白、弱不禁風的青年竟然是個科學天才，雇主下意識的認為，這人不應該待在自己底下做事，應該在更有資源，更有空間的地方做更偉大的事，因此寫了封推薦信給愛迪生，請他讓特斯拉進入公司，那信還說道：「我知道有兩個偉大的人，一個是你，另一個就是這個年輕人。」

就這樣，兩家死對頭終於相遇了，相比此時已經立家創業的愛迪生，特斯拉即使縱有智慧，也不過是名不見經傳的小毛頭罷了，由於愛迪生尚未知道特斯拉的天賦，叫他先從簡單的電器改良開始，結果他不但每次都能改良成功，還做得比愛迪生的每一個團隊都來的傑出（更重要的是，他沒有團隊，只是一個人完成的），這讓愛迪生倍感驚訝。有錢能使鬼推磨，愛迪生說：「既然你這麼厲害，那來幫我改良直流電發動機好了，改成的話給五萬美元（購買力相當於現在的一百萬美元）。」於是特斯拉又重新設計了直流電機，而且又成功了。

正當特斯拉想索取事先答應的五萬美金報酬時，愛迪生卻給了他一個很不禮貌的嘲諷拒絕：「特斯拉，您並不懂得美國式的幽默。」特斯拉品性很好，雖然怒在心頭，卻強裝笑臉說：「好吧，沒有關係，那希望你能將薪水從十八美元漲到二十五美元。」愛迪生卻說：「喔！這倒是蠻幽默的。」特斯拉一整個暴怒，馬上離職自己創業。

「未來是我的！」尼古拉．特斯拉如是說。

後來，特斯拉在西屋電氣公司的幫助下，發明了交流電。正如美國政府高官的悼信，「交流電系統是跨世紀的發明，不僅將人類帶入第二次工業革命，更將世界點亮，如果沒有他，世界會一片黑暗，文明將倒退一個世紀之久。」

當時的工廠使用直流電來發電，但直流電很容易在電線運送電力的過程中散掉，而且效率也較差。交流電顯然比直流電來得有用，傳輸損耗更少，設施投資更低，電價也更便宜，用個比喻來講，就好像是沒有壓縮設備的垃圾車跟有壓縮設備的垃圾車一樣，有壓縮的當然會比較來得實用。

交流電的發明驚天動地，但跟推廣直流電賺錢的愛迪生發生了紛歧，許多投資者看好特斯拉，紛紛放棄愛迪生的股票，轉向西屋電氣公司，愛迪生氣得直跳腳：「特斯拉……你竟然數典忘祖！」一場惡戰一觸即發。

電流之戰

交流電雖好，但壓縮電流會導致電壓過高，很容易電死人，愛迪生為了繼續發展他的直流電市場，便盡一切心力開始抹黑、造謠交流電，甚至還親自帶著記者到各個城市做「公開實驗」，在演講時把貓狗給抓來，然後拿著一條電線說：「這是交流電！

你放心嗎？」隨後將貓狗給電死，引起了眾人對於特斯拉的反感。等等，愛迪生電死貓狗欸，怎麼不對他反感呢？話說當時沒有動保協會這東西，而且貓狗的地位低的很，甚至還有「貓琴」這種東西，哎呀我偏題了，繼續講吧。

後來美國一家馬戲團的大象湯普希（Topsy）發瘋，踩死了三名虐待他的訓練師，愛迪生為了「替天行道」，將大象給重金買下，以交流電公開處刑，成功引起輿論，不過他不滿於此，認為這只是個動物而已，震撼效果有限，要找就找最刺激的。為此愛迪生設計了一套交流電電椅，託關係讓美國紐約州政府的處刑人員用這東西處死犯人。由於是初次嘗試，愛迪生居然不把交流電電壓給弄高一點，只用了一千伏特。要知道，近代美國用的電椅伏特數是一萬兩千伏特，電壓是愛迪生電椅的十二倍多。想當然，受刑人的情形實在是生不如死，肌肉燒焦後人還活著，直到被燒成黑炭，受刑人才死亡，一名目睹這次行刑的記者表示：「這是個可怕嚇人的場面，遠遠比起絞死糟糕。」

被誣衊的特斯拉不打算反駁，他認為最好的反駁，就是證明自我。在世界金融寡頭摩根的幫助下，特斯拉獲得了一筆可觀的經費，他馬上研製出九項發明技術，建立了尼亞加拉水電站，這是特斯拉營建過最大規模的設施，水電站每日生產的電量足以供應美國紐約加上加拿大安大略省總需求的四分之一，至今一百多年已經過去，龐大的水電設施仍不分晝夜的運行著，機器除了定時更換消耗用品外，未曾有重大變動。

「人類最重要的進步，依賴於科技發明，而發明創新的終極目的，是完成對物質世界的掌控，駕馭自然的力量，使之符合人類的需求」

緊接著，特斯拉開始瘋狂發明，一八九八年，特斯拉又發明了無線遙控技術，一九〇〇年，特斯拉加大對電流的研究控制，得到了一千英尺的強大放電，在全球範圍內首次達成人造閃電效應，除此之外，特斯拉一生還開發出二極限圈、生壓變壓器、陣列電容、電用打火器等七百餘項發明，合作開發達一千種以上，幫忙開發的更是不計其數。他拍攝了世界第一張X光照，發明了第一台無線控制器、發動機火星塞、霓虹燈等等，對機器人、彈道學、信息科學、核子物理學等各種領域均有貢獻，甚至提出了死光、電盾、碟型飛行器、漂浮氣墊船、粒子束武器之類的原理，連通古斯大爆炸也懷疑跟他有關。

「我可以輕而易舉將地球劈成兩半，但是我永遠不會這麼做！」

若是特斯拉當初沒有受到愛迪生阻撓，我們現在的科技技術到底會發展到什麼地步呢？實在令人好奇。

愛迪生的黑暗面

「如果仇恨可以被轉化成電，世界早已輕如鴻毛。」——尼古拉．特斯拉

在撰寫這篇文章時，我曾翻閱了許多原文的愛迪生史料，種種現實著實顛覆了我的既定印象，小時候看一些科普小雜誌時，總以為愛迪生真的是發明天才，書中提到他親自發明了二千多項發明，一生帶著榮耀與成就，甚至在一九二二年時獲選為最偉大的美國人。然而事情並非想像中的簡單，以讓他一夜成名的燈泡為例，燈泡根本不是他所發明的，是卡文迪什的好朋友戴維先做出來的，但他沒有申請專利，且燈泡發光時間並不長，所以第一顆燈泡並沒有引起多大輿論。愛迪生的團隊在發現如何將發光時間延長後，竟然將專利給佔為己有，還將專利的所有人訂為愛迪生，找到改良燈泡辦法的是他的團隊成員，不是愛迪生，然而我們今日只見愛迪生的大名閃爍於教科書之上，卻不找不到那位真正發明者的名字，寫到此處，讓我不禁感嘆了一下。

不僅如此，愛迪生經常使用政治排擠等方式迫使發明家妥協，將發明家的專利收

到自己的口袋，如同法國發明家斯科特，他是留聲機的真正發明人，卻因為沒有及時申請專利，而被愛迪生給幹走，實在是欲哭無淚。而同樣販售電燈的馬克沁爵士也遭到聯合抵制，被迫低價賣出公司，移居美國。

最著名的例子當屬於放映機的故事，迪克森發明出放映機後，愛迪生馬上將放映機的專利收為己有，做了一堆個人放映機，讓人收費觀看，有人提議做大螢幕的投影放映機，但愛迪生認為無利可圖就拒絕了，後來盧米埃兄弟就做了大型投影放映機，結果一炮而紅，愛迪生發現有利可圖，就買下大螢幕電影產業相關的專利，並壟斷了膠卷市場，想要私底下拍電影就必須經過他同意並付給他高額授權金，付不出來愛迪生還會找黑道暴力討債，在愛迪生的壓迫下，許多電影工作者跑到了南加州那邊躲避愛迪生的勢力，而這些遭受打壓的失意分子，最終創造了名滿天下的好萊塢電影工業。

「天才是百分之一的靈感，加上百分之九十九的努力。」這句話現在聽起來格外諷刺，或許我們應該說，「塑造一位天才，需要百分之一的靈感，加上百分之九十九的政治勢力。」

總歸來說，愛迪生並非全然的好，也並非全然的壞，他的貢獻在於對電燈的推廣，愛迪生公司的力量很龐大，不看好電燈的守舊派政客們幾乎都被整肅光了，在沒有拖油瓶的狀況下，電能快速普及到一般人的生活中。不過正如西方的一句老諺語所道：「我無意冒犯上帝，他三兩下就創造了世界，我會比他慢一點，但是品質會比他好些。」

交流電與直流電的爭戰最終以愛迪生的大勝告終，由於愛迪生在競爭期間曾經召集一群商人一同排擠特斯拉，致使特斯拉再也無法相信任何人，晚年得了社交恐懼症，非常怕外人，甚至不敢和陌生人說話，自己也隱居了起來。他過得很是寂寞，無人訴諸痛苦，為了鼓舞自己，撰寫過很多面對孤單的文章：「思想在孤身一人、不被攪擾的獨處時變的更加敏銳、更加活躍。外界對我們的干擾會使創造性思維變的殘缺不全。孤獨，就是發明的秘技，心生孤獨的時候，就是想法萌芽的時候。」

落魄的晚年人生

在人生的低落時光裡，特斯拉為了抒發寂寞之情，開始與鴿子打交道。他覺得鴿子是世界上最美麗的生物了，也許在我們看來就只是一隻隻相貌相仿的動物，但在特斯拉眼裡，每一隻都是上帝獨一無二的傑作，他幾乎可以記住每一隻的差異。特斯拉特別將其中一隻鴿子定為他的摯愛，牠有純白色的羽毛，翅膀上的尖端點綴著灰色，特斯拉深愛著那隻鴿子，就像一個男人深愛著他的女人。據他自己所講：「不管從空中飛過多少隻鴿子，我總能一眼從鴿群中認出牠來。每當我寂寞難耐時，牠就會心有靈犀般地來輕輕啄打我的窗戶。」

好了，有點偏題了，我們回到正軌。即使在家中隱居，特斯拉仍不放棄科學，將自己的所見所學整合到了一塊兒，完成了重要性媲美牛頓《自然哲學的數學原理》的《引力的動態理論》，其中最重要的內容是關於空間傳送系統及引力門系統的設計，包含反引力、人造重力的裝置設計。有許多學者看不懂特斯拉的論文，就對他提出尖酸的批評，特斯拉也不惶多讓，直嘲道：「多少人嘲諷我是個空想家，他們都是頭腦最愚笨、目光最短淺的蠢才，還是讓時間來說話吧！」

且由於付不清各種專利權的費用，特斯拉的晚年是非常困苦的，只能窮困潦倒、孤苦伶仃的過完他悲劇的餘生。其實，特斯拉之所以沒有靠交流電賺到錢，是因為他免費公開了交流電的使用專利，照專利規則計算，每一馬力的交流電能帶來二點五三美金的專利費，如果特斯拉沒有免費公開交流電的專利，那麼單交流電的的專利許可費就可以讓他在一年內躍升成為全世界最富有的人。但他之所以放棄，並不是他笨，而是為了實踐偉大的理想，那就是「工業不該遭受限制，而必須盡速普及於世界。」特斯拉曾因為經費問題而無法完成諸多發明，他希望後世的科學家更不應該受此困擾，因此將交流電專利免費化。

「當下是他們的，而我致力於研究的未來，是我的。」

特斯拉逝世前，沒有留下任何財產和遺言，只留下了成噸的文件資料，只期望在自己死後，有人能夠拾起他的理論，讓科學重新茁壯。但故事還沒結束，特斯拉死後，美國官方覬覦特斯拉的研究成果，深怕有他人搶走，於是在第一時間便把他的所有文件給搶走了。他的研究成果大部分被收繳並列入高級機密，所有個人物品都被查封，以致於他成了一個被世界遺忘的科技偉人。

一九九〇年七月，特斯拉逝世接近半個世紀後，美國國會的十幾名議員為了紀念特斯拉一百三十四誕辰周年，終於為特斯拉平反，首次認可他在電力學上的貢獻，譽為「比愛迪生貢獻更大者」，關於他的真正歷史以及生平才陸續得以被後人知曉。想想，這是多麼諷刺的一件事啊！曾有一段時間，特斯拉一心一力為了科學做出努力，甚至不惜公開了交流電的專利，卻落得個孤獨終老的結果。而另一方面，靠著商業手段行事的愛迪生，卻搖身一變成為了後人所憧憬的大發明家！還好，時間洗滌出了真相，愛迪生的評價從「大發明家」轉變成了「大經銷商」，特斯拉也從「查無此人」，最終被後人敬仰為「最接近神的男人」。

天靈靈地靈靈！

將肥料從空氣裡變出來的哈伯法

姓名：弗里茨．哈伯

性格：智商超高、鍥而不捨、狂熱的愛國份子。

經歷：「左手拿麵包，右手拿屠刀」的男人。

貢獻：製氨法。

重要性：★★★☆☆

知名度：★★★★★

隱藏技能：【毒氣炸彈】將帶有氯氣的炸彈罐丟入敵方，造成範圍傷害。

【智利人的夢魘】使用後會讓智利硝石業大量失業。

從古至今，黃金被大家公認為是財富的象徵，每個人都喜歡這種金燦燦的金子，因此，為了得到這種稀有的物質，一種名叫煉金術的法術應運而生，幾千年來，有多少人曾埋首於這種神乎其神的法術當中，試圖透過物質的轉化來實現自己的發財夢。

然而，隨著科學技術的發展，煉金術已經被證實是不能煉出黃金的，雖然發財的夢想無法實現，可煉金術這個名詞並沒有因此淡出人們的視野，例如在一百多年前，就有這麼一位科學家，他就曾試著透過科學的方式希望能像鍊金術般，改善人們的生活，那他最後做到了嗎？答案是做到了，可他煉出來的東西不是黃金，而是一個遠比黃金還有用的東西，那就是——肥料，而到底為什麼會說這「又臭又髒的肥料」會比金閃閃的金子還要有用呢？這一切就還得說到這名「煉出肥料」的科學家——弗里茨·哈伯身上了。

早年時光

一八六八年，哈伯出生在普魯士王國布雷斯勞的一個猶太人家庭，由於家裡從事的是染布生意，因此哈伯從小就對那些化學的東西耳濡目染，在這種環境下，年幼的哈伯也逐漸對化工的這些玩意產生興趣。後來，哈伯憑藉著自己的興趣進入大學就讀化學，成績優異的他，讓德國皇家科學院的那些大師級人物都為之嘆服，在哈伯二十三歲那年，科學院破格授予了他化學博士的學位。

一九〇六年，哈伯和他的理學院同事博施一起組隊，兩人要準備來挑戰一個無數科學家努力了一百五十年仍未成功的高難度關卡，那就是——從空氣中變出肥料！

在哈伯生活的那個年代裡，世界人口大概只有十六億，未滿十七，而之所以人口數會發展得如此之慢，那都是受制於「吃飯」這回事。糧食太少啦！吃不飽哪能專心增產報國呢？因此，從遙遠的古典時期開始，直到二十世紀的初葉，世界人口的發展總是進展的比某牌瀏覽器還慢，真的是等到花都謝了而進度條還沒跑完。

可這種「九點九分天注定，零點一分靠打拼」的局面沒有持續很久，生來就以改造命運為己業的人類窮則變，變則通，發現動物的屎做成堆肥居然可以幫助植物生長欸，這真是大發現，於是，從此以後，凡是要種地的都會先加一點這個祖傳秘方，儘管還不知道到底是什麼奇妙力量的作用。

後來，隨著科學的進步，人類終於知道了，原來是因為糞便裡含有氨的成分（俗稱的阿摩尼亞）能讓作物長的頭好壯壯，可隨之另一個問題就產生了，氨的產量實在太少啦，總不能整天都把自己關在廁所裡製造素材吧，因此，歐洲各國為了爭奪氨的元素，紛紛把自己的錢大筆大筆的砸向南美，跟那邊的礦產王國智利換取一籮一籮的「鳥屎」和那邊的特產「硝石」，在那個瘋狂的年代，挖鳥屎都能成為一個熱門的行業，甚至還能因此爆發戰爭呢！

好啦，前面交代了那麼多背景，為的就只是要襯托哈伯的實驗有多麼偉大，廢話到此結束，正片開始！

如何從空氣中提煉肥料？

首先，為了順利製造出氨，哈伯準備了一個溫度六百度，兩百兆帕的超高溫高壓環境，還拿了當時市面上超稀有的鋨（鋼筆筆尖的材料）當作催化劑，接著，他透過電解水生成的氫和空氣中的氮為原料，兩者相互作用後，終於成功製造了轉化率百分之八的氨，不過要是挑戰就這樣結束，那就太沒看頭了啦，國父革命都得有十一次才成功欸，怎麼可能那麼簡單呢？

所以再來，哈伯和博施將往第二個方向前進，那就是製造出轉化率百分之百的氨，而在這之前，還需要先找到除了鋨之外的其他催化劑才行，畢竟鋨可是稀有元素，如果每次都用鋨，實驗還沒成功，口袋就會先破產了。

為此，兩人在理學院裡找了一批專業技術人員，開始了暗無天日，喔不，是堅苦卓絕的嘗試之旅，期間，這群人總共用了兩千五百多種不同的催化劑，近六千五百次的實驗，經過一次又一次的嘗試後，最後總算皇天不負苦心人，找到了廉價易得的鐵催化劑，看看，光是六千五百這個數字，就不知道比當初科學家改造電燈燈絲時的實驗次數多了多少次，只能說，這種百折不撓的精神真的太讓人欽佩了。

哈伯在找出最適宜的催化劑後，消息傳出震驚全國，每個人都對他讚賞有加，也因此，哈伯迎來了自己的事業第一春，轉戰柏林，成為柏林大學的教授，身兼化學研究所的所長，而其後，變出肥料的實驗由哈伯的同事博施繼續完成，一九一一年，在解決各種比微積分更難一百倍的技術問題後，實驗終於大功告成，為了銘記兩人的貢獻，後人把這種利用氫、氮合成氨的神奇方法，稱之為哈伯．博施法（簡稱哈伯法）至此，哈伯的整個煉出肥料的實驗，正式告一段落。

雖然實驗已經結束了，但它的影響可是長遠的，此後人類總算成功的獲得了穩定的糧食來源（某些愛搞大躍進的國家除外），有人說，哈伯法的發明就等於讓人類得以從空氣中抽取了麵包，農民再也不用過著靠鳥糞吃飯這種憋屈的生活，而是可以自己製作肥料來種植莊稼，也因此，哈伯被世人譽為「左手拿著麵包的男人」。

那相信講到這裡，可能就有人感到疑惑了，哈伯左手拿著麵包，那右手拿著什麼呢？說來你可能不太相信，這位對世界有偉大貢獻的科學家，他的右手，拿的是「屠刀」，很令人匪夷所思吧，很難想像這麼一個人，居然能和這令人毛骨悚然的名詞沾邊，而到底為什麼哈伯會成為手執屠刀的屠夫，還是要從他和同事所發明的哈伯法講起。

哈伯老弟的黑暗面

前面講到，哈伯法可以拿來製造肥料造福大眾，但同時，這種方法其實還能拿來製造用來打仗的火藥。德國人從古至今都是個好戰的民族，尤其是北方的普魯士，號稱三百年來只打過兩場敗仗，哈伯所生活的德意志帝國，就是普魯士統一日耳曼諸國後建立的國家，這個國家的登場特別驚人，剛開局就霸氣地以三場痛毆別國的戰爭作為帝國建立的序章，整個民族把鐵與血的政策視為教條，俗話說：飽暖思淫慾，然而對德國人而言，吃飽飯哪有時間想那些無關緊要的東西，趕快去找人痛快的打一場啊，於是乎，在擁有了穩定的糧食資源和怎麼樣都用不完的火藥後，再加之當時歐陸盛行的民族主義驅使以及德國政府所實施的「世界政策」，德國國內對於戰爭的呼聲日漸高漲，幾乎每個國民都認為，需要來場「結束一切的戰爭」，而又那麼剛好的，瞌睡來了，有人送枕頭。一九一四年，隨著塞拉耶佛刺殺奧匈皇儲的一聲槍響，本就累積許多矛盾的歐洲諸國迅速炸鍋，第一次世界大戰正式揭開序幕，德國在這場戰役當中作為奧匈的盟友，和英法俄等國組成的協約國對立，是為同盟國陣營。

介紹完背景後，現在再把鏡頭轉回哈伯身上，本來吧，發明哈伯法製造火藥讓自己的祖國變得強大並沒有什麼太大的問題，但另一個發明可就大大的違反人類最基本的良知了。

時間拉回到一九一五年，這時，德國因強逼中立國比利時讓路不成，憤而對其宣戰，四月二十二日早晨，在比利時的伊普爾高地，一群比利時士兵趁著德軍攻勢稍歇時，走出戰壕，放鬆放鬆筋骨，卻沒想到，就在這時，只見眼前忽有龐然大物，拔山倒樹而來，只是這次來的不是什麼癩蝦蟆，而是一些黃黃綠綠的氣體，比利時人沒看過如此特殊的景致，正待欣賞，結果卻發現這種黃綠色的怪東西越飄越多，才感覺到大事不妙，所有身在氣體裡的士兵露出呀然驚恐的神情，隨即就開始全身痙攣，嘔吐不止，東倒西歪，痛苦萬狀，整個陣地陷入混亂，隨後，埋伏已久的德軍才粉墨登場，戴着用水淋濕的紗布和棉花製成的簡易防毒面具，輕鬆地突破了這塊久攻不下的協約國陣地。

相信講到這裡，已經有讀者們知道那黃綠色的氣體到底是什麼了，沒錯，他就是一戰當中，德軍的新發明——毒氣，這場戰役當中，德軍使用的氣體乃是能夠讓人窒息而死的「氯氣」，這種氣體具有強烈的刺激性，能讓人感到胸口灼熱甚至死亡，這場戰役共導致了協約國陣營一萬五千人中毒，另有五千人死亡，這是人類史上第一次的化學戰，其始作俑者，正是故事的主人公哈伯，那為什麼他要製造毒氣呢？終歸還是一條民族主義惹的禍。

在取得了前所未有的榮譽和地位後，哈伯感覺到，自己並不是一個普通的猶太科學家，而是一個德國需要的人才，因此我應該好好利用這份天賦來報效國家啊，因此，一戰爆發後，這位化學博士就轉職到了德國的化學兵工廠擔任廠長，期間哈伯除了研製氯氣，還有研究其他的氣體，諸如我們熟知的芥子氣等等，把它叫做「老毒物」，「歐陽鋒再世」應該都不為過了。

而看到這有人可能就問啦：哈伯他的良心難道被狗啃了嗎？怎麼連這種違反人道精神的事情都做的出來啊！對於這個問題，哈伯給出的答案很簡單，他曾說過一句話：「在和平時期，一個科學家是屬於全世界的，但是，在戰爭時期，他是屬於他的國家的。」這句話道出了當時許多像哈伯一樣的科學家心中的倫理難題，後來哈伯還補了一句：「這都是為了早點結束戰爭」從這句話中我們可以看出，哈伯在製造毒氣上已經走火入魔，甚至最後他的妻子為了抗議老公的不公不義，直接拿他的手槍，砰的一聲飲彈自殺了。

雖然老婆因自己死了，哈伯依然無動於衷，老婆死後第二天，他接著馬不停蹄的跑到德俄交戰的東線戰場，去那裡實施化學戰，而每次哈伯的出現，都代表著戰場上又會多出很多因毒氣而受傷、死亡的傷患和亡靈。

在德國實施化學戰後，戰爭的進程有因此而早點結束嗎？答案是沒有，看到德國人開始下三濫的使用這種慘無人道的毒氣攻勢後，協約國有樣學樣，也找了很多他們國家的科學家，一起來製造毒氣，想來個以毒攻毒，所以整個一戰，大家無非都是躲在戰壕裡，有事沒事出來放個毒氣，由於無法突破僵局，一戰的西線戰場產生了兩陣營僵持不下的局面，根本無法達到哈伯希望盡快結束戰爭的目的（題外話：後來的德國元首希特勒這時也曾因為英國人施放的毒氣受傷，還因此必須住院好幾個月呢！）

不過這種局勢很快就被打破了，一九一七年，德國政府的腦袋突然當機，宣布對大西洋上航行的商船實施無限制潛艇戰，結果這才剛實施下去，馬上好死不死打到中立國美國的船隻，這下美國十分震怒：我惹你們了嗎？！你們歐洲的戰爭打老子幹嘛啦！同年，氣大財粗的美國對德國宣戰，德國已經陷入了絕地，戰敗就在眼前。

戰爭過後的那些事

一九一八年十一月十一日，身心俱疲的德國無力再戰，終於投降，戰爭結束後一個月，瑞典皇家科學院即宣布，今年的諾貝爾化學獎得主是弗里茨·哈伯，理由是為了嘉獎哈伯對於製氨法的貢獻，此消息一經公布，就猶如一顆震撼彈般，在化學界引起了極大的反彈，來自英法兩國的科學家尤為激憤。他們聲稱哈伯是一個魔鬼，因為哈伯是一戰中德國毒氣戰的科學負責人，且才剛剛被列為戰犯，經過了一戰的洗禮，大家對於哈伯的良好印象盡數歸零，剩下的只有對於其製造毒氣大肆屠殺的殘暴記憶，所幸，一戰的許多戰犯之後大多不了了之，而哈伯也在一九二〇年從名單被剔除，同年他還參加了為他推遲的諾貝爾獎授獎儀式，不得不說，瑞典皇家科學院也真的很有骨氣，儘管得獎人是個人人喊打的戰犯，卻依然保持客觀，光是這點，就很不容易了啊！

不過，以為哈伯在得完獎後功德圓滿，他的人生故事就結束了嗎？不，並沒有，其實早在一戰末期，眼見自己努力報效的祖國陷入絕境，老婆也因他自殺，哈伯就已經從原本對戰爭的狂熱中，慢慢的把自己的理智線給接回來了，理智重新上線後的哈伯，開始對自己之前所做的那些殘忍醜惡的事情感到痛苦和後悔，因此，他決定開始從事一些對社會有貢獻的事情。

那時，一戰戰敗的德國已經和旁邊幾個跟地下錢莊一樣的「惡鄰居」被迫簽訂了喪權辱國的凡爾賽條約，此條約內容的苛刻程度相信也不用我再贅述，單舉戰爭賠款來說，後來統計，德國總共要在四十二年裡賠款兩千六百六十億的金馬克！德國人看著這個數字，光是數後面的零就不知道花了多少個時辰，這下可好了，原本因為戰爭就已經又老又窮的德國，現在更是雪上加霜，一夜之間全體國民都變成債務人，而且那麼多的錢，世界末日前也還不完吧。

簽訂凡爾賽條約後的德國，市場罷市，工廠罷工，百業蕭條且共黨為亂，雖然人人都知道要還債，但是戰敗的陰影還沒走出，又哪來的動力繼續往前呢？這就像是辛苦寫了好久的大學論文，最後被老師撕爛還叫你重寫一樣，是會讓人崩潰的，哈伯也經歷過這段黑暗時期，為了能夠繼續為國家出力，他這次真的效法中古世紀的那些煉金術師們，開始尋找「從海水抽取黃金」的可能性，但科學的事實就擺在眼前，雖然哈伯找了很多資料，寫了很多論文，可實驗的最後結果仍然表示：想從海水裡抽取黃金是不可能的。

拒絕納粹！

「海水提金」實驗失敗後，哈伯依然待在德國繼續苦思其它能幫祖國走出賠款陰霾的方法，但好景不長，一九三三年，納粹黨黨魁希特勒出任德國總理，隨後，納粹力量很快就控制了整個德國政府，納粹最為人所知也最臭名昭彰的，就是其迫害猶太人的種族政策，哈伯雖然也是猶太人，但由於其對理學的貢獻，使他獲得了豁免權，接著，納粹政府看中了哈伯的才能：

「欸，你不就是毒氣之父嗎，要不要考慮來我們這裡任職呢，我們現在正在思考要如何方便快速的「淨化」那些「劣等民族」呢，或許你可以助我們一臂之力，給你個官做就是了。」

面對納粹的邀約，這次哈伯終於做出了正確的選擇，他不願意迫害自己的同胞，毅然決然的決定離開這個他奉獻了大半人生的祖國，開始自己和續弦及兒子的流亡生活。

離開德國之後，哈伯一家先是去了英國，又去了法國等國家，不過無論去哪，哈伯都處處被科學界排擠，成了一個被遺棄的人。許多科學家的巨擘都拒絕和他握手，一九三四年，哈伯病逝在緊臨德國的瑞士小鎮巴塞爾，享壽六十五歲，至此，哈伯複雜的一生總算告一段落。

你做你的，他做他的，我賺我的

福特汽車的劃世創舉

姓名：亨利．福特

性格：良心老闆、不屈不撓、對猶太人有很深的成見。

經歷：從一位鄉下土包子一躍成為福特汽車公司創辦者的神人。

貢獻：研製福特T型車、倡導提高勞工月薪。

重要性：★★☆☆☆

知名度：★★★★★

隱藏技能：【偶像劇主角光環】為人嚴肅木訥，卻追到美麗動人的萬人迷克拉拉。

【無條件加薪】靠近福特十公尺內的人，可以獲得高幅度金錢加成。

生活在二十一世紀的我們，應該是很難想像沒有汽車的生活吧！相比起鐵路運輸，公路運輸可說是陸地上機動性最高的方法，而所謂擔當主角者正是汽車！倘若將汽車定義為不需要軌道且自己本身可提供動力前行的交通工具的話，那麼他的歷史可以追溯至十五世紀一輛由達文西設計的發條動力車；但若將定義在縮小為使用內燃機來驅動的話，則是清朝康熙時期的耶穌會傳教士南懷仁首創，不過它並不能載人，頂多是個玩具罷了。

工業革命以降，蒸汽動力大行其道，當時流行的交通工具是火車，既可以長途運行，載貨量也很大，鐵路和火車帶給人們更快的速度和全新的感受，從英國傳向歐洲大陸，並逐漸駛向世界各地，牽引著人類社會從封建社會快速奔向現代工業時代。不過，火車雖好，但總是跟著軌道跑，無法想去哪兒就往那兒繞。

科技始終來自於人性，人類開始覺得走路很累的時候，火車就出現了，人類開始覺得火車很不方便時，汽車就出現了。德國工程師卡爾·賓士看準了人類的小懶惰，因此於一八八五年發明了不需軌道牽引，以汽油為動力的汽車。不過，正如阿拉伯數字一樣，賓士先生雖然首創現代意義上的汽車（不過未來電動車大概又會將定義改寫）

但能擁有這種新玩意的人畢竟是少數，那麼是誰將汽車帶入大眾生活呢？正是本文主角——亨利．福特（Henry Ford）。

熱血機械魂

所謂興趣帶領事業（應該是有這麼一句話啦），福特自小就喜歡機械類的東西。一八六三年，福特出生於底特律附近的小村莊，由於第一胎早夭，所以福特從小作為名義上的長子，受到的教育也比其他弟弟妹妹好。七歲半的時候，他進入一所蘇格蘭移民學校念書，跟大多數的成功人士一樣，福特只有在算數一科上成績耀眼，其他那叫一個慘不忍睹。不過說實在的，能夠有一技之長確實可以在未來獲益匪淺，福特也是如此，在幫父親耕田之餘，他喜歡自己動手做點小玩意兒。

某次，他和同學合作組裝出一台蒸汽機，可是性能當然是簡陋無比，過程中還出現工安意外，差點把學校給燒個乾淨（仔細想想，這福特會不會是計畫通呢？）後來學校雖然幸免於難，不過老師和福特父親火冒三丈了。一般這時候的發展都會是老師和家長「沆瀣一氣」，嚴厲斥責小孩子不准再這樣不知好歹下去，但罵歸罵，老師最後補了一句「這傢伙雖然頑皮，不過做出來的東西挺有意思的。希望下次能做的好一些。」語畢，福特答應他們在技藝純熟前都不會再玩這東西了。

教職是神聖且講求謹慎的，倘若當時老師惡言相向後掉頭就走，福特大概一輩子就只能種田吃土，汽車的普及化八成會拖得更久，臺灣街道也許就只能見腳踏車滿街跑了。

老師這邊打點好了，接下來是父親。福特的爸爸依然不支持兒子這樣敲敲打打的行徑，直到有次福特發明出能讓家中的門自動開關的裝置，這可著實讓老父大吃一驚之後，福特開始幫街坊鄰居修補器具，不僅免費而且品質甚優。十二歲那年，福特的父親送他一隻手錶，福特的「機械魂」立馬燃燒起來，手錶也被拆得七零八落，這下他父親可真的動怒了，手錶是什麼？在十九世紀可是有錢人的玩意兒，戴在街上走那可叫一個威風，他斥責兒子不懂的那隻手錶的價值，竟隨手將它拆解。被罵到臭頭的福特只好趕緊將表重新裝配，誰料功能竟和一開始分毫不差，於是福特又解鎖了一個技能。

有了這次經驗，福特也開始幫鄰居免費修錶，而且技術還不輸城裡那些能工巧匠們，堪稱鄉下最佛心少年，有人問他為什麼不收錢，他輕鬆答覆：「我不過是修好玩的，收錢的話，這些愉悅與成就感就會煙消雲散，最終變成一趟普通的生意。」相比現今臺灣庸庸碌碌、奔波繁雜的職業生活，福特這句生活哲學，可真是洗滌人心、沉靜心靈呀！

隨著年紀越來越大，福特逐漸看不慣平淡無勁的鄉村生活，大城市的五光十色深深吸引了他，福特經常在晚上坐在窗口旁，遠眺著遠方那繁華的都市，心中充滿著無限的想像：「在那裡，人們會是什麼樣子？他們現在又在想些什麼呢？」福特在某一天終於下定決心，立志離開農村到城市闖蕩，創出一番事業！

福特告訴父親他的想法，可惜父親覺得太冒險，並不同意。福特因此起了個大早，趁著天微微亮的時候偷溜出門，誰知好巧不巧撞見他老爸，本以為會被趕回去的福特卻聽見爸爸說：「孩子，我不會阻止你，祝你成功！」就這樣，福特褪下了沾滿泥巴的農夫裝，換上了他嚮往已久的工作服。

啟發與波折

福特進入底特律後的第一份工作是一家火車工廠，該工廠已經採用了自動裝配的方法，藉由輪盤的轉動，每位工人分別組裝自己負責的部分，這樣不只有效率，同時也能夠防止工人偷懶，畢竟如果一個人沒做好自己該負責的部份的話，下面一位就無法繼續進行。這樣的方法著實對福特的未來有不小的影響，後來他曾改良這種分工制度，成為著名的「福特主義」，將公司變成一套大系統，每個人專其所長，適才適所，成為勞動生產率很高的一種生產組織形式。有部份學者說，歐洲第一個實質意義上的分工思想就是福特率先提出的。

福特延續兒時認真的個性，孜孜矻矻完成每項工作，但他精湛的技藝不免讓人心生忌妒。某次，一台機器出了紕漏，工人們怎麼修也不見好轉，福特在一旁看著的時候看出問題所在，但他不敢張揚，只能等到中午休息時間自個兒修好機器，沒想到那群工人回來之後不但不加以感謝，還說他這樣的手藝遲早會讓大家捲鋪蓋回家喝西北風，於是福特在火車製造廠的工作還沒滿一週，就被前輩們連哄帶騙趕出去了。

福特在傷心之餘，也開始接起了許多各式各樣不同的工作，一八八〇年，福特得知城內的造船廠有職缺，毅然決定再次放棄原職，懷著大規模生產精美物器的偉大理想，又一次踏上了未知的旅途。造船廠的工作和蒸氣內燃機脫不了關係，而這也對福特在日後的引擎製造上有了莫大的影響。不過就在兩年後，福特認為造船廠能學的東西已經差不多了，便毅然辭去此處的工作。

福特在一八八八年結婚，妻子叫克拉拉。克拉拉當時是個萬人迷，卻獨獨對福特情有獨鍾。他們認識的原因說來好笑，是因為假日時，福特閒來無事，跑去參加了別人的舞會，他為人比較嚴肅，所以在年輕人的派對上顯得格格不入，只是默不作聲地待在角落旁，跑趴達人克拉拉很快注意到了這位難以融入的傢伙，她並不覺得福特古板，反而主動搭訕他，對福特自製的手錶深感驚奇，福特見克拉拉對機械頗有研究，和她聊得很嗨，整個精神都上來了，後來兩人連絡不斷，福特親手做了一台雪橇，帶著克拉拉出遊，福特是一位與眾不同的人，他不像其他追求者一樣只會談論音樂和別人的八卦，他很誠懇地對克拉拉談起了他以前的經歷，這讓克拉拉更加佩服，兩人好感度火速上升。某次，當他倆在郊外野餐時，福特問克拉拉能否幫自己做一輩子的餐食，克拉拉說：「倘若這就是你的求婚方式的話，那我答應你。」（沒有鑽石，也沒有單膝下跪，一切都來的這麼突然，所以啦，有心最重要。）

與愛迪生的關係

一八九一年，婚後的福特在妻子的支持下離開鄉間（福特結婚後搬回鄉下住了）進入愛迪生電器公司謀生，期間他發明了自己的第一台汽油動力車，不過這車只能前進不能後退，巨大的噪音處處惹人嫌惡。

福特雖然是在愛迪生的公司工作，但是卻沒見過他本人，直到五年後他晉升高層，才終於在一場會議中相識。

在特斯拉的故事裡，愛迪生是一位專利蟑螂，在馬克沁的故事裡，愛迪生是一位狡猾奸商，在福特的故事裡，愛迪生卻是一位談笑風生、豁達大度的企業家，兩人初次見面就聊得很開，從外交生意，到私人家務，他們幾乎無話不談。福特在離鄉打拼以前就曾聽過愛迪生的名號了，一直把他當作童年偶像看待，所以談話後還羞答答地要了老闆的簽名。

愛迪生的個性偏向自大，討好這種老闆最好的手段，就是當個服服貼貼的乖乖牌，時不時拍他馬屁，迎合他的偏好，這著這步驟走，沒幾個月就能升官發財。

福特自然明白這點，更何況他本人是由內而外發自內心的崇拜愛迪生（可能他不知道專利蟑螂的事啦）。這顯然對福特的工作非常有利，愛迪生覺得福特就是個腳踏實地的老實人，可以把他訓練成接班人，經常招福特進去辦公室指點迷津，最後演變成導師與學徒的關係。

從此，兩人成為了無敵好夥伴，手勾著手，肩併著肩，一起走向天涯海角。兩人到底有多親？我們舉以下幾個例子：

1 愛迪生在佛羅里達買了一棟豪宅，以便休閒度假使用，福特聞訊後便勒緊褲頭開始積蓄，幾個月後買下了別墅隔壁的一塊地，成了愛迪生的鄰居。

2 三十多年後，愛迪生晚年身體不好，出席場合都要坐輪椅，福特雖然身體好一點，只需要拄拐杖，但為了表示同一家人，他也買了輪椅，兩人分別坐在輪椅上合照，就像穿了甜蜜情侶裝的情人在炫耀他們的恩愛般。

3 據說在湯瑪斯．愛迪生過世之前，亨利．福特要求愛迪生的兒子將父親的最後一口氣收藏在一支試管裡面。外界曾猜測亨利．福特是希望某一天的先進科技能讓導師重生，但這試管應該只是要紀念愛迪生而已。

後來，福特對興趣的執著越來越深了，雖然在愛迪生公司上班，卻「身在曹營心在漢」，不只在下班時研究汽車構造，上班時也滿腦子都是引擎零件，福特的工作效率越來越低，愛迪生很想要開除他，但為了顧及朋友交情又不好意思明說，只好委婉地表示福特可以自行創業，闖出一片天。福特聽到後面如土色，他知道愛迪生的意思是什麼，如果他再不專心做事，那鐵飯碗就掰掰了！不過他又不想要放棄他所熱衷的汽車，這該怎麼辦呢？

此時他的妻子起到了關鍵作用，她不但沒跟著落井下石，反而鼓勵丈夫追求所愛，有了這份勇氣，福特又出走了，他離開了愛迪生公司。

不過，勇氣畢竟不能當飯吃，福特仍然要考慮到生計。福特三次創辦工廠，第一次失敗於他追求完美的個性，與合夥人要賺大錢的想法扞格不入；第二次福特再度和人合資，他打算參加賽車比賽來增加名聲，福特非常幸運，他打敗了當時的眾多強敵勇奪冠軍，但事後他並不以此自滿，打算繼續改良賽車性能，但其合夥人認為保持原來就好，繼續改良作用不大，還會導致經費緊張，福特見其意見不合，很快就終止合作了。直到第三次，福特接到一位企業大老闆委託製造賽車，他欣然答應，沒幾個月就把車子送來了，客戶驚訝至極：「你怎麼會這麼快就做好，是不是粗製濫造啊？」福特莞爾一笑，沒有回應他。

比賽當天，當裁判一揮下賽旗，福特製造的車子發出轟隆巨響，迅速甩掉其他參賽者，行疾如飛地奔向終點，其他車子過了好久才看到福特的車尾燈，不過那時已經來不及了。福特從此打開了知名度，他的名聲逐漸變得家喻戶曉，也終於在一九〇三年靠一己之力創辦了自己的汽車公司——福特汽車公司。

走向人生巔峰

有了公司之後，還需要有客人，福特雖然靠著前述的賽車打響名號，但那些車終究是為了比賽特製。底特律不可能人人都有錢到能開著超跑上街買菜，大眾性才是首要重點。福特首先研製出B型車，為了宣傳，福特又參加了賽車，他的車速打破當時世界紀錄，福特的名氣又更上一層樓。不過，福特最大的成就是他的T型車，這種車款堅固耐用，變速器是隱藏在車內而不是外露，發動機體積變小，而最重要的是售價便宜，一台只要八百二十五美元，這種價格相當於現今臺幣購買力的多少呢？說出來只怕你不信，三十萬有找！根本佛心到爆啊。

福特T型車的銷量在一年之內就達到六千部。如此輝煌的成績並沒有讓福特昏頭，在當時，美國能見到的汽車無非只有黑色而已，福特看準了這點，下令對T型車的外觀和塗裝做出改變，並為每種顏色配上標語，例如紅色高雅大方、綠色沉著穩重，大大滿足了用戶對於個人獨特性的需求，他曾有句名言：「汽車可以變成任何顏色，只要它的底色是黑的。」

誠然，福特達到了事業巔峰，但他接下來就將面對一大難題——生產量的提升。

前面提到福特曾在火車工廠工作，那裡的生產方式令他印象深刻，同時，芝加哥的屠宰業也是他的啟發之一。不同於屠宰業的迅速分解，福特追求的是迅速組合。此時，他發掘了一名叫法蘭德斯的青年，該青年原本是機械商人，做的是縫紉機相關，他提出大量採購壓低成本和流水線生產的概念，這對福特來說幫助甚大，因為這可以有效降低採購鋼鐵或其他原物料的花費並提高生產效率（雖然他後來被其他公司挖角就是了）。

此外，福特工廠的設計師也是一大功臣，他採用了吊車來搬運產品，也就是將A

廠房的半成品運到B廠房，如此工人不需移動就能夠連貫性地完成工作。種種因素相加之下，福特汽車公司製造一輛T型車僅需要九十三分鐘便可完成，價格也不斷調降，從一九〇八的一台八百五十美元降到一九一六年的三百六十美元。一九二〇年代福特公司產能擴大，價格已降至兩百九十美元，格整整砍了快要三倍，購買力等於臺幣十萬元！跟一台機車沒有兩樣了。加之油耗量越來越少，大家都對他的車子讚不絕口。

一點也不資本主義的資本家

著名的共產學家馬克思曾經說過：「資本家在不停剝削勞工的過程中勢必引起反彈，而這樣的反彈將化為革命的力量，打造出無產階級的天堂。」我們除了能在這篇名言中知道馬克思主義的部分思想，也能從中得知，早在一百年前，資方就已經開始剝削勞工啦！而這之中所謂的剝削勞工，指的是增加工時以及降低工資，資本家無所不用其極地只為了增加利潤。

不過，這正好是福特最看不爽的事情，在第二次工業革命後，歐美迅速資本化的時代，他決定反其道而行，讓工人獲得應有的酬勞。

要講福特搞勞資合體的故事，就要先提到他的獨生子埃德塞爾，所謂龍生龍，鳳生鳳，福特的兒子鑽車縫，埃德塞爾當年十歲初頭，和福特一樣都對機械有莫大的愛好，下課後的例行公事便是到工廠轉一圈，也因此他常常會和員工們聊天，對員工的想法有第一手的了解。某天，他告訴父親說，廠房內的工人近期臉色很難看，問爸爸知不知道這件事。福特尷尬的說：「我……最近實在太忙了，比較少跟員工見面，對於他們的了解不多。」

「其實啊，每個員工都有家庭，他們難免對工廠制度有所不滿。」兒子說。

「什麼？難不成是社會主義分子滲透進來要顛覆工廠嗎？」福特驚恐地問。

「嗯……其實也不算是啦，事情原因很簡單，就是如此如此，這般這般……。」

在福特的追問之下，工廠的內部問題終於浮上了檯面，原來，事情出在公司內一名叫做蘇倫森的主管，此人做事勤奮認真，也有兩把刷子，但就是恃才傲物，瞧不起職位低下的工人，更甚者他經常無緣無故要求公司員工加班，大家都對他恨之入骨，不過卻是敢怒不敢言。福特聞言，迅速召開會議，會中他詢問道：

「當今工人月薪是多少錢？」

「兩塊錢。」蘇氏回答。

「不夠，提高。」

「兩……兩塊五毛……。」擠出這幾個數字幾乎要讓蘇氏一命嗚呼了。

「不夠，給我加到三塊！」福特堅定地說。

「這……這不行啊……，你給員工加薪，其他公司不會坐視不管的！」

福特基本上是個從善如流之人，但倘若有人對他硬碰硬，他的最終決定往往更加令人跌破眼鏡：「聽好了，從現在起，每位員工月薪是五塊錢！」福特用不容懷疑的語氣說道。

命令一出，全美所有業主都紛紛嘲笑他是個不長眼的人，辛苦所賺來的利潤何必分給下屬，還有人對他激烈抨擊，指責這是破壞市場平衡，儼然就是當今的慣老闆。於此同時，美國各地區的工人也蜂擁而來，大家都想在福特的企業謀職位，這個幾乎是當時平均月薪三倍以上的工資誘因當然很巨大，作為因應，福特喊出「底特律優先」來制止這些失去理智的民眾。

有些人認為這樣的舉措會讓工人變得花天酒地，適得其反，降低工作效率，為了預防這樣的狀況，福特規定唯有符合特定條件者才能夠享有這樣的福利，條件包含在工廠工作九個月以上、證明自己能夠節儉度日、沒有不良嗜好之類，後兩者可不是隨便說說，福特真的會派稽查人員隨機視察員工的家庭環境，予以評分，如果不小心被他發現家裡面有賭具還是奢侈品，工資就掰掰了。

除了加薪，福特也改善工時，工人可以周休二日，每日工時以八小時為上限。並為了顧及員工心情，陸續增加法律服務、醫療服務和消費合作社之類的措施，後來開放員工投資自家公司，倘若獲利大家都可以分紅。員工不論是在生理或心理上都獲得了良好的照顧。在大家更願意工作的情況之下，福特汽車產量節節高升，成為全美數一數二的汽車工廠，其影響力延續至今。

挺有趣的是，所謂路見不平，拔刀相助，當時猶太商人很喜歡壓榨勞工，以此減低成本，賺取更多錢，福特對此很不以為然，在報紙中多次刊登了污辱猶太人的內容，其言論之激進，甚至引起大洋彼端的希特勒注意，希特勒不但讚揚福特的想法，還贈送給他一枚鑲金的鐵十字勳章。德國士兵冒著生命危險英勇作戰才能獲得的勳章，福特幾句嘴砲就撈到了，希特勒的標準可真是的。

亨利．福特在人生晚年期間，對自己歧視猶太人的行為與想法感到後悔，誠心撰寫了一封道歉信給維護猶太人的「反誹謗聯盟」，並取得了原諒。所謂知錯能改，善莫大焉，犯錯並不可怕，關鍵在於犯錯之後是否能夠嚴肅地對待錯誤、改正錯誤。福特的轉變，即是一個好例子。

福特汽車的興衰

所謂「投資一定有風險，基金投資有賺有賠，申購前應詳閱公開說明書。」一代汽車巨星亨利福特的後期行銷之路不大好，隨著美國的汽車普及化，國內開始形成了一個巨大的舊車市場，大批質量相當不錯的二手車只需幾十美元就可買到，這對一向以價廉物美而著稱的T型車是一個極大的衝擊。同時，各家汽車工廠百花齊放，生產出了許多時髦多樣和先進豪華的汽車，滿足了不同階層的購買需求，也對福特形成了較大的競爭壓力。

一九二七年，福特公司在國內市場的佔有率已經嚴重下滑，甚至被通用汽車公司超越，屈居第二了，福特不得不停產自己喜愛的T型車，轉產新的車輛。但所謂船大難轉舵，福特公司裡堆積的都是拼裝到一半的T型車，他為了實行轉型，只好把他們全數報廢了，成本付諸東流。

福特本來以為靠著T型車，就可以永遠贏得大眾的心，絲毫沒有想過要轉型，所以又耗費了將近一年時間，才研發出A型車，由於轉產組織匆忙、耗資巨大，加之接踵而來的經濟大蕭條的影響，福特公司元氣大傷，整個三〇年代都未能恢復。那個產量獨占全國一半以上的日子一去不復返了。

為了表示負責，福特不得不讓位別人，提早過退休生活。他一直以來都把公司未來的使命寄託在他聰明的獨生子埃德塞爾身上，福特雖然造車技術一流，但教小孩卻很失敗。他根本不把埃德塞爾當作兒子看，只是以製造機械的高壓方式教導他，希望他能像自己生產的汽車一樣，精準地、絲毫不差地走在正軌上。然而，教小孩與做汽車畢竟是兩條路，是無法連到一塊的。埃德塞爾雖然聰明，畢竟也是凡人，父親的高壓教育，讓他染上了各種病症，最終憋出了胃潰瘍。

等到福特認為他夠格，準備將領導大位正式繼承到他身上時，埃德塞爾已經進入了棺材。

玩掛了兒子，福特準備繼續摧殘他的孫子亨利．福特二世，孫子接棒後，福特也以同樣的方式教育他，但孫子畢竟是孫子，體力比較好，能承受得住福特的撈叨。福特公司有著脫胎換骨的表現，一九四六年後的產量重新回升到占全美國的百分之二十二。福特很滿意的說：「孫子也不錯嘛！」

除去掉教育失敗的汙點，福特的生平是完全值得學習的。人生舞台的大幕隨時都可以拉開，關鍵在於是否願意表演還是躲避，福特前半生的刻苦奮鬥，使他獲得了應有的回報，一九四六年六月的那晚，底特律舉行慶祝車輛產業五十週年紀念會。福特應邀參加晚餐會。在餐會上，福特已然成為傳奇人物，人們的眼睛都離不開他，紛紛敬稱他為「汽車工業之父」，紀念會主辦者授予福特榮譽獎，並將其列入汽車名人堂；紐約時報評論說：「福特不僅是福特汽車公司的創始人，同時也帶動了整個汽車行業的發展。」

尾聲

隨著年事漸高，逐漸衰老，福特的腦袋越來越不機靈，才剛說好的決策，他下一秒就忘了。從這時候開始，福特在公司內崇高的身分就已經崩解，他處於隱退狀態，在高層的會議上，只是象徵性地出席一旁，鮮少有發言機會，甚至連他孫子也開始無視這位創辦人的存在，對他日益冷漠。

用自己的血肉鑄造而成的公司，如今卻不要他了，八十三歲的福特心中不禁悲涼了起來，他決定去外面散散心，然而預計行程還沒進行到一半，福特便鎩羽而歸。他擔心公司在他不在時發生什麼事。

福特在回來的路途上正巧遇上狂風暴雨，河水氾濫成災，沒辦法讓他準時回家，只得暫居旅館。福特是很重視公司的人，即使公司不要他了，他也要為公司盡上最後一分力氣，在旅館內，他對公司的事情越來越擔心、越來越執著，最後終於在半夜，福特感覺腦袋好像發出了一聲「啪答」巨響，隨之而來的是一陣撕心裂肺的頭痛，他爬起來撥打緊急救助電話，無奈接觸不良，電話不通就是不通，福特瘋狂地喘著氣，眼睛布滿了血絲，旋即癱倒在地板，因腦溢血與世長辭了。

綜觀福特一生，幾乎可以說他是一個矢志不渝之人，同時也有那份追求夢想的勇氣。他不怕失敗，即使多次遭到阻擋也從來沒有放棄，更重要的是他還有一路相挺的父母妻兒們。他可以為了一件正確的事情力排眾議，不顧時代洪流的阻擋也要前行，堅毅不屈的精神最終造就了他的成功。

福特不僅改變了美國，他大量生產的方式至今仍在全世界被各行各業採用，成為現代文明普及的一大助力。福特在他的人生中確實發明了不少劃時代的東西，作為他一生標誌的流水線生產制度和提高工人福利的政策或許也是他值得為人稱頌之處，可是我們不要忘了，是什麼樣的特質造就了福特？

體驗一下萬惡的資本主義吧

馬吉與她的大富翁遊戲

姓名：莉茲．馬吉
性格：標準的社會主義份子。
經歷：被專利蟑螂欺負。
貢獻：發明了史上最暢銷的桌遊，自己卻連一毛都沒拿到。
重要性：★★★☆☆
知名度：★☆☆☆☆
隱藏技能：【我們的桌遊】馬吉說這是她的桌遊？不，這是我們的。
【我們的專利】馬吉說這是她的專利？不，這也是我們的。

說起桌遊這玩意兒，很多人一定或多或少都接觸過它們，有些人玩過象棋跳棋等各種棋類，有些人則玩過 UNO 和狼人殺這種牌類遊戲，但今天如果你在街上隨便找幾個人，讓他講出一個桌遊的名稱，那除了上述這些遊戲，還有一個「經典款」是絕對不會少的，那就是家喻戶曉的大富翁（Monopoly）了。

相信大多數人對於大富翁這個遊戲的玩法並不陌生，就是走到哪，買到哪，再來就等著哪個倒楣的玩家走到你的地，付你過路費，直到把除你以外的所有玩家都搞到破產就算獲勝，如果你是個玩大富翁的高手，你一定感受過，當別人走到自己的土地上，卻因為付不出天價過路費而破產的爽快感。不得不說，這種殘酷的快感，的確是很符合人性黑暗的那一面。

扯遠了，我們回到正題，雖然大富翁是個廣為人知的遊戲，但很少人知道的是，這個遊戲背後的故事是一段充滿銅臭味的黑歷史，它被創造出來的初衷，也不是要告訴人們如何透過買地發大財，當初這個遊戲被創造出來是作者想要用它來告訴世人，資本主義光鮮亮麗的外表背後，還有著可怕的黑暗面，那到底為什麼這個看似老少咸宜的遊戲，會跟這個資本主義扯上關係呢，其實這一切，還是跟那位大富翁的發明者莉茲・

馬吉有著密不可分的關係……（廢話）。

我女權，但我不吃自助餐！

一八六六年，莉茲．馬吉出生於美國的伊利諾州，她的父親詹姆斯是一位律師。在馬吉出生以前，詹姆斯就曾跟著後來的美國總統林肯，在美國北方的各州遊歷，當時，廢奴思想在美國北方大行其道，美國人民開始關注南方黑人奴隸的自由問題，也因此，在這種環境之下，詹姆斯成為了一位堅定的廢奴主義者，在這之後，美國就爆發了南北戰爭，最後，由北軍的獲勝告終，蓄奴制度被全面廢除，而戰爭結束一年後，馬吉就出生了。

馬吉出生以後，受到這位熱衷政治的父親影響，也很反對當時保守到都快進墳墓的社會規範，父親從小就給女兒灌輸很多政治思想，而馬吉也在父親的耳濡目染之下，從小就開始關注時政，長大後，她成為了一位女權主義者，在那個沉默年代，發出了屬於女性的聲音，有一次，她甚至還透過報紙的廣告，將自己作為「年輕美國女奴隸」進行拍賣，引起了許多讀者的震驚，事後她才解釋道，刊登這則廣告的用意是要告訴人們，女性並不是男性的附屬品，「女孩也有思想、有心願、有希望、有野心。」

除了對當時社會的性別不平等有意見以外，馬吉也很不滿當時美國資本主義的產權制度，而對這產權制度不滿的原因來自小時候父親送給他的一本書，亨利・喬治的經典著作《進步與貧困》在這本書裡，馬吉找到了自己堅持一輩子的信仰，因為在書裡面，有一句話，是這麼寫的：平等使用土地的權利就像平等呼吸空氣一樣明確——只要作為人而存在，便擁有這種權利。

亨利・喬治是美國著名的土地制度改革運動人物，他出生於十九世紀中葉，家裡小時候就很窮，後來為了掙口飯吃，喬治開始四處奔波，在美國各地遊歷，而就在他到處遊歷時，他親眼見證了美國財富的不斷增長與積累，但他同時也注意到了「巨額財富」與「貧窮痛苦」的強烈反差。是啊！美國財富的確增加不少，可對於生活在社會底層的人民而言，他們的財富並沒有跟著一起成長，反而造成美國的貧富差距逐漸拉大。

進步與貧困

亨利・喬治認為，造成這巨大不平等的原因與當時的「土地壟斷」有關，主要是不平等的土地所有權導致的。所以為了改變這種狀況，喬治呼籲國家對土地徵稅。他認為，土地的很多價值都並非源自本身的規劃設計，而是仰仗地下的水源和礦藏等大自然的饋贈，或者周圍的公用設施創造的價值，例如附近的公路和鐵路、繁榮的經濟、安全的社區、優秀的學校和醫院。他認為在使用由此獲得的稅收收入進行投資時，應該考慮所有人的利益。

亨利．喬治做為一個知識份子，對於這種現況感到義憤填膺，所以為了達成改革土地制度的目標，他出版了很多書籍來闡述自己的想法，而其中最有名的那本就屬上文提到的、一八七九年出版的《進步與貧困》，這本書出版二十年後，當時正在躲避清廷追殺的孫中山讀到了這本書，並深受裡面的想法啟發，稱他的想法「尤為精確」，而六年後，孫中山就第一次提出了《三民主義》。

回到正題，亨利．喬治所寫的書，不只影響到了孫中山，就連馬吉看到亨利．喬治所寫的書以後，也十分認同他的想法，她想要用自己的方法，來證明亨利．喬治這種觀點的價值，因此，在一九〇四年，馬吉發明了大富翁的前身——《地主遊戲》（Landlord's Game）並申請了專利。

大富翁的誕生

事情正是這麼簡單，一個名叫馬吉的女權主義者，閱讀完一本書後有感而發，製作了一款桌遊。這聽起來很草率，把大富翁說成一位知識份子的讀後心得也不為過，但是馬吉卻是粗中有細。否則這個遊戲，早就該落入時代大浪了。

一個成功的桌遊要講求三個要點：創新、內涵、互動。大富翁之所以這麼好玩，原因離不開這三點，而那獨一無二的遊戲規則，更是讓人著迷的主要原因。馬吉在棋盤上開創性採用了環形布局，上面填充了許多可供出售的街道和地標。但這款遊戲最重要的創新之處在於她為其制定的了兩組規則。

地主遊戲的兩種規則，第一種叫做「繁榮」，在這個遊戲規則中，只要有一個玩家購買地產，其他玩家都可以得到分數（這是為了反映亨利・喬治根據土地價值收稅的政策），而當錢最少的玩家資金翻倍以後，所有玩家都會勝出，不得不說，這種遊戲規則真的很符合他的名字，大家都共存共榮，還能達到雙贏甚至是多贏的效果。

而地主遊戲的第二種規則，叫做「壟斷」，在這個規則中，玩家透過購買資產和收取租金的方式來積攢財富，最後能把其他玩家搞到全破產的人就是贏家。

馬吉表示，「壟斷」模式是用來警告世人，放任土地私有的後果是——所有人都破產，而「繁榮」模式是用來教育世人漲價歸公的規則，可以促進共同的利益。講到這裡，相信細心的各位讀者們肯定能發現了，這「壟斷」模式不就是我們現在玩的大富翁嗎，如果你有這個想法，那是對的，沒錯，如果我們仔細去注意大富翁這個遊戲會發現，他的英文（Monopoly）在英文中即是「壟斷」之意，然而這麼一來有個問題就出現了，那就是另一個規則「繁榮模式」去哪了？

原來，事情是這樣的，當初馬吉讓這個擁有兩個規則的地主遊戲上市後，這款遊戲很快就在美國的左翼知識分子中、在沃頓商學院、哈佛和哥倫比亞等大學校園裡，以及貴格會（Quaker）成員之間風靡開來，且一風靡就是快三十年，這三十年間，由於這款遊戲真的太熱門了，因此，還出現了許多的「二次創作、三次創作」，例如後來相繼出現的 Finance（金融）、Carnival（狂歡）、Auction（拍賣）、Inflation（通貨膨脹），等不同版本不同名字的遊戲，但其實，這些民間版本都是和《地主遊戲》差不多的作品。它們在亞特蘭大和費城地區都很受歡迎，教會教徒還用家居道具替換了遊戲的棋子，改動了遊戲裡頭的財產物設定。這種替換道具的創意在後來誕生的遊戲中頻頻被利用，也因此衍生了很多完全不同的主題。

帕克公司收購事件

不過，就在這個全民瘋地主遊戲的時候，有家公司卻站不住腳了，這家公司名叫帕克兄弟，是美國的一家遊戲公司，這家公司看到地主遊戲是個具有商業潛力的搖錢樹，因此就想要透過它來讓公司大發一筆，可有一點麻煩的是，當今的市面上，類似地主遊戲的同類產品越來越多，那要怎麼樣才能把它轉化為無限的商機呢？看來，只能去找這遊戲的發明人，獲取這遊戲的專利，對於公司來說才是上策。

就在這個帕克公司即將向馬吉購買專利的關鍵時刻，有一位程咬金殺出來了，這個程咬金是個普通的失業人士，名叫查爾斯．達羅，當時美國正受到經濟大蕭條的影響，國內民不聊生，而達羅也是在這段期間內丟了飯碗。一天，失業的達羅受邀到朋友家作客，準備討論如何在這種困難時期找到另一份工作，最後這個工作有沒有找著不知道，但是在作客期間，宴請達羅的主人拿出了一款達羅從沒看過的遊戲，這就是馬吉的作品，地主遊戲啦！

達羅玩了這款第一次見到的遊戲後，內心馬上和這款遊戲要表達的思想起了共鳴，他認為，這款遊戲說的沒錯，自己會失業都是因為當今社會的產權制度出了問題，肯定是這樣的。

因此，達羅馬上就愛上了這款遊戲，並從主人的口中得知，目前帕克公司正準備要收購這款遊戲，聽到這條消息，達羅像是頭上冒出了電燈泡，露出了得意的笑容，彷彿知道要如何才能讓自己度過經濟危機了。

回到家裡後，達羅坐在自己的椅子上，拿了一張紙跟一枝筆在桌上重複的擦了又畫，畫了又擦，最後，終於畫出了他自己滿意的作品，是一張地主遊戲地圖，不過跟原版不同的是，達羅的這張自製版把所有的地名都改過了，而且圖中間寫著的英文單字，正是Monopoly，壟斷。

隔天，達羅帶著自己繪製的作品，來到了帕克公司，並跟他們說明了自己的來意，即希望能夠跟他們合作，共同收購馬吉的作品版權，且由他去遊說馬吉來獲得作品的專利。

帕克公司一開始並沒有把這位失業的可撥仔放在眼裡，但看到他帶來的手繪作品以及提出遊說的要求後，帕克公司就改變了心意，答應與他合作，畢竟帕克兄弟自己也知道馬吉這人所主張的思想，是絕對不會讓公司拿它的作品去做商業勾當的，因此若能找到一個肯幫公司遊說的人，那也是很重要的。

確立合作關係以後，達羅就用最快的速度找到了當時已經六十多歲的發明人馬吉，並向她提出了購買專利的請求，出價五百美金，馬吉此時雖然已經六十多歲，但他的腦袋還是很清楚，依然堅持著自己年輕時的改革理想。

然而出乎達羅意料的是，馬吉聽到購買專利的需求後，並沒有一絲遲疑，馬上就答應了達羅的請求，並語重心長的跟達羅說，自己做這個遊戲，目的本就不是為了賺錢，而是要讓大眾理解資本主義背後看不見的惡，現在能有大公司買下專利替她宣傳，她就已經很感動了。

得到馬吉的同意後，達羅十分的欣喜，並馬上將這個結果告知帕克兄弟，完全忘了馬吉跟他講的話，因為此時在達羅的眼中，只看得到一疊疊成捆的鈔票。

帕克公司の逆襲

之後，達羅跟帕克兄弟公司策劃了一個秘密計畫，在計畫中，他們把這地主遊戲換了個名字，改叫大富翁（Monopoly），並把遊戲中的規則刪去「繁榮」，只留下「壟斷」，除此之外，公司還聲稱達羅是此款遊戲的發明人，而馬吉對於達羅和帕克兄弟的所作所為，此時仍不知曉，在編造好假的故事後，現在就只等遊戲正式上市了。

一九三五年，在計畫都策劃完成之後，帕克兄弟讓這款遊戲開始正式販售，而就如同之前馬吉發明地主遊戲時一樣，這款遊戲一上市就獲得了大眾的熱愛，不過與以往不同的是，這次玩家們可以清楚的認識這個遊戲到底是誰發明的，那就是——查爾斯．達羅。

大富翁的上市，為帕克兄弟帶來了滾滾的錢潮，公司因此而大賺一筆，而跟他們有合作的達羅，自然也少不掉分紅，靠著賣大富翁，達羅一夜之間從一個失業的魯蛇變成坐擁百萬資產的富豪，一時間，無數的美國人都在讚頌這個充滿智慧的「大富翁之父」。

大富翁暢銷的事情鬧的越來越大，到最後，居然連馬吉都知道了，馬吉對此感到很欣慰，認為自己的理想終於能夠得到聲張，然而當他看到市面上所販售的大富翁後，原本欣慰的心情瞬間轉變成憤怒和悲傷，因為她看到，這個大富翁的簡介上，發明人居然是達羅，發大財的也是達羅，根本沒提到自己的名字，名譽被盜用也就算了，更讓馬吉火大的是，達羅根本沒有把它的忠告聽進去，在帕克兄弟所發行的大富翁中，只有「壟斷」規則，而「繁榮」卻消失的無影無蹤，對馬吉而言，現在暢銷的大富翁根本與自己當初的理想背道而馳，這絕對不是她想要的結果。

一九三六年一月，馬吉接受了華盛頓郵報和華盛頓晚報的採訪。在華盛頓晚報上的一張照片裡，她舉起了「地主遊戲」中的遊戲板和另一款寫著「大富翁」遊戲板。這兩個遊戲就只是上面的地名規則改了一下，本質上根本就是兩款一樣的遊戲，可以說，這張照片完美的展示了大富翁的雷同和抄襲。

然而，登報控訴並沒有起到什麼鳥用，因為在當時的美國，女權仍然沒有得到重視，因此馬吉的發聲沒有得到任何回應。

發明者的結局

知道自己無法改變什麼以後，馬吉感到身心俱疲，最終她在一九四八年抱著遺憾去世，在她的墓碑上沒有提到她的遊戲發明，而她在生前的最後一份工作是一位打字員，在辦公室裡，馬吉的同事只知道，馬吉是一位發明過遊戲的老打字員，至於發明什麼遊戲，這不重要了，反正肯定也沒多少人玩過。

馬吉最後只能落魄的度過自己的餘生，反觀因為跟帕克兄弟有合作關係的達羅，卻靠著「大富翁的發明者」頭銜，過著萬人稱頌、衣食無虞的生活，諷刺的是，這個編織出來的白手起家的神話，正是「大富翁」潛在價值理念的例證——為了追逐財富、出人頭地，可以不惜一切代價，無所不用其極的碾壓對手。

二〇一五年，正是大富翁這款遊戲上市的八十周年，累積下來，從帕克公司發布這款遊戲到現在，全球已賣出超過二點七五億份「壟斷版」大富翁，可惜的是已經沒有多少人知道，這款遊戲原先要表達的意思是什麼了。

從魔盒釋放出來的夢魘

顛覆你對力量印象的核武

姓名：原子彈

性格：中立邪惡。

經歷：本書攻擊力最強角色；曾經是個小男孩，長大後變成胖子；有個遠房親戚叫沙皇。

貢獻：讓日本投降，避免本土決戰。

重要性：★★★★☆

知名度：★★★★★

隱藏技能：【基因突變】不要問，你會怕。【都市更新】想知道最低成本，最快速度的都更方案嗎？

一九四五年八月六日清晨，一道亮眼的白光劃破廣島市的天空，人們感到一陣強風，遠處僅見一朵巨大的蘑菇雲直衝天際，在雲霧散去以後，原本身為日本工業大城的廣島被轉瞬間夷為平地，方圓十幾公里內的建築悉數齏粉，但除了這些沒有生命的建物，這場爆炸帶來的，更多的是廣島市內那些人民的死亡，這些人或是在爆炸的那一刻就因過度的高溫而人間蒸發、化為焦炭；或是因為燒傷所帶來的痛苦而不斷哀嚎，最終一命歸西。而從浩劫底下倖存下來的人們，也得一輩子受到輻射的詛咒，直至死亡，可以說這幅畫面，用人間煉獄形容都不為過。

然而，這並不是最後一次，僅過了三天，另一個離廣島不到五百公里的城市——長崎，也蒙此厄運，而這一次的爆炸，更是直接奪走了十幾萬條的人命，幾天後，受此兩顆「殘虐爆彈」轟炸的日本，終於不堪負荷，宣布投降。

講到這裡，相信各位讀者肯定都能簡單的一眼就看出上文這段文字是在講什麼事了，沒錯，就是二戰末期的美國核襲日本，在這兩場慘絕人寰的悲劇當中，人類第一次見識到了核武力量的可怕，以往人類對於力量的認知，也在此刻被徹底的顛覆了。

到底是什麼原因，會促使人類去打開這不應該打開的潘多拉魔「核」呢？當初發明這核子武器的科學家們，看到自己的發明如此的駭人，又是如何看待自己的研究成果呢？如果你也一樣有這些疑問，那就趕快跟著本篇文章的腳步，一起去一探有關核武發明它背後的故事吧！

核子武器的來龍去脈

在正式進入核武發明的主題前，有個東西是得了解的，那就是核武背後的化學原理，畢竟核武作為一種跨世紀的高殺傷力武器，到底是如何擁有這種力量的，其背後原理還是得稍微介紹一下。

早在古希臘時代，當時就已經有哲學家提出了原子構成世界萬物的這種理論，不過在那個時代，這些看不見、摸不著的哲學思想，並沒有很大的影響時人的生活，畢竟那時還是古典時期，連發展都顧不著了，哪有時間研究這些玄乎的東西呢？

人類對於原子這門學問的研究，直到科學革命後的十九世紀，才有比較大的進展，一八〇八年，道爾頓提出原子論的學說，他在他的報告中提出：「世界上所有物質都由原子構成，原子中心的原子核由質子和中子組成，周圍則環繞著許多電子，這種由質子、中子和電子所組成的原子核，能釋放出非常強大的力量，也就是所謂的『核能』」。

一九三八年，納粹德國的科學家奧托．哈恩發現，如果從外面以原子核的中子撞擊另一種元素鈾的原子核，鈾的原子核就會分裂，而鈾每次的分裂都會產生巨大的能量並釋放更多的中子（即核分裂），之後被釋放的中子就會去撞擊其他的鈾原子核，然後被撞到的鈾原子核也會產生更多中子去撞別人，如此往復的你撞我、我分裂、再跑去撞別人的過程，我們稱為連鎖反應，到最後，原本就已經很大的能量就會不斷翻倍暴增，最後形成的即為武器級的核爆炸，原子彈的強大能量就是這麼來的（以上科學原理用兩句話來講就是，一堆的核分裂可以產生巨大能量，用這力量做成的武器即為核武。）

後來，由於極權主義及反猶浪潮在歐洲的風起雲湧，不少猶太裔或厭惡極權政治的科學家都選擇離開自己的祖國，到更自由的世界去發展自己的才能，一九三九年，逃出匈牙利的科學家西拉德指出，可以利用核分裂的連鎖反應來製造核武，聽到這個消息，當時多數的國家都不把他這個「瘋子」的話當一回事，唯獨正努力擴軍備戰的德國大喜過望，馬上著手開始研究、發展原子彈的技術，這下可好了，西拉德當初的願望就是不要幫到極權國家才出逃的，結果繞了一圈還是回到了原點。

過了沒多久，德國入侵波蘭，英法旋即對其宣戰，二戰正式揭開序幕，二戰開打後，基於對納粹的恐懼，西拉德夥同兩位跟他同鄉的匈牙利科學家，進一步寫信給美國的羅斯福總統，警告說納粹德國正在秘密研究原子彈，為了不讓潘朵拉的魔盒落入壞蛋手中，他們希望財力雄厚的美國能夠在研究核武這方面先發制人，阻止希特勒征服世界的邪惡野心，這次，為了讓美國聽取勸告，西拉德還找來了在國際上富有盛名的愛因斯坦助陣，愛因斯坦是個天才，西拉德也是，果然只有天才才聽得懂天才在講什麼，聽完西拉德對於納粹的擔憂後，愛因斯坦表示自己很能理解，於是西拉德寫了一封信，附上愛因斯坦的簽名，之後他就把這封信給寄到美國去了。

然而，美國總統羅斯福畢竟是文科畢業生，對鈾分裂這種鬼東西興趣缺缺，也不懂這原子彈到底要怎麼搞，若不是信上附有愛因斯坦的簽名，他根本懶得看，更何況羅斯福並不想讓美國捲入戰爭，眼看美國也對這門技術提不起興趣，西拉德心情可謂跟熱鍋上的螞蟻一樣，焦急的很，難道納粹開發原子彈征服世界的野心，已經無法阻止了嗎？

我們必須製造原子彈！

不過，西拉德的擔憂並沒有持續很久，原因是沒多久後，日本偷襲美國珍珠港，逼使美國捲入二戰，加入二戰戰局後，羅斯福拿起了之前被自己擱在一旁的西拉德信件，他此刻終於懂了，當初西拉德寄給自己的，是多麼強大的一個黑科技，於是在美國總統的首肯下，一九四二年八月，由美國陸軍主導的曼哈頓計劃秘密展開，並由美國當地的科學家歐本海默領軍，據說曼哈頓計劃耗費二十億美元及十多萬名人力，真的可以說是一項大工程啊！

為了順利製造出原子彈，美國可謂是砸錢不手軟，有了如此龐大的金錢支援以後，美國在製造原子彈的道路上確實飛快的進步，最後美國開發出了一枚槍管式的原子彈，命名為小男孩，另有兩枚內爆式的原子彈，名為小工具和胖子，那到底這槍管式和內爆式有什麼不同呢？其實也就只是製造方式上的差別，爆炸威力基本上是相差無幾。

一九四五年四月十二日，原本的美國總統羅斯福逝世，換上的新任總統名叫杜魯門，而就在杜魯門繼任總統的幾個月後，同年的七月，在美國新墨西哥州阿拉莫戈多荒野上，「小工具」作為人類歷史上第一顆原子彈，在「三位一體」試驗場爆炸成功，看到第一朵蕈狀雲騰空升起後，整個曼哈頓的負責人——歐本海默，原本臉上對成功的喜悅，瞬間變成對原子彈強大破壞力的恐懼。

讓我們將鏡頭轉到歐洲方面，此時美軍已經成功登陸歐洲，納粹德國已是窮途末路，正當盟軍攻入德國西部的時候，他們發現：「納粹根本沒有成功造出原子彈！而是半途而廢終止計畫了。」這是為什麼呢？當時德國首席研究家海森堡犯了一個致命的錯誤，他將臨界質量算錯了，多了整整三個零。也就是說，海森堡認為至少需要以噸來計算的鈾 235，事實上幾十公斤就已經足夠了。在當年的條件下，分離出如此多的鈾 235 是不可能完成的工作，德國隨後基本放棄了製造原子彈的計畫。海森堡事後解釋自己是因為討厭希特勒，所以才故意算錯的，不過眾人大多不這麼認為啦。

美國已經試爆完成，再來下一個步驟，就是要進入實戰階段了，還記得我們前面講過，美國製造原子彈的目的是「比納粹德國還早開發完成」，可如今納粹德國不但已經停止了核武研發，連希特勒都已經自殺了，整個軸心國集團只剩下日本還在負嵎頑抗，所以想當然耳，這原子彈的投擲目標，從德國被改成了日本。

發明核武，卻反對核武？！

然而，當初參與曼哈頓計畫的科學家知道杜魯門要把自己辛苦造出來的發明，拿去做他們最不願意看到的事，都對此表示極力反對，他們認為最好的武器是根本不需動用武器，核武器的殺傷力太強大，我們沒有權力去為那些無辜的民眾負責。尤其是那位領軍的「原子彈之父」歐本海默，他沒想到好不容易把原子彈從希特勒這個瘋人的手裡搶過來，結果又送到另一個瘋子手裡，為此，歐本海默還特地去找杜魯門跟他說：「我覺得我們科學家的手上沾滿了鮮血」，聽到歐本海默的這番說詞，杜魯門表示很火大，會議不歡而散，會後，杜魯門直接跟他身旁的副國務卿說：「我再也不想在這個辦公室見到那個臭傢伙的！」

除了歐本海默表示反對之外，那位來自匈牙利的科學家西拉德聽到個消息，也害怕戰後會展開核武軍備競賽，因此要求杜魯門不要對日本使用原子彈，然而政客是不會管科學家是怎麼說的，對他們而言，早點結束戰爭是他們拼連任的資本，因此這些科學家的諫言並沒起到什麼作用，最後小男孩跟胖子還是砸在了日本身上，也才有了故事剛開始的那段可怕的景象。

得知核轟炸的消息之後，當初參與曼哈頓計劃的科學家們心情都很沉重，當初跟西拉德一起寫信給美國政府的愛因斯坦，也陷入了巨大的痛苦和悲傷之中，他痛心的直言：「當初就真的不該寫那封信給羅斯福，參加原子彈的科研，是我一生中最大的錯誤，早知如此，我還寧可當個修錶匠。」

雖然這些科學家們開始對自己的發明感到罪惡和愧疚，然而現實已經無法改變，原子彈已經投了，人也都死了，那接下來還能做什麼事來挽救嗎？答案是：「能！」既然悲劇已經發生一次了，那接下來就不要讓他再發生第二次，為此，在戰後有不少的科學家投入了反對使用核武器的運動。

恐怖平衡

二戰後緊接而來的冷戰，由於美蘇的對峙，這兩個世界強國又開啟了軍備競賽想制衡對方，最後，兩個大國的核武器越造越多，甚至還出現了比原子彈更強大好幾倍的氫彈、中子彈，在冷戰最高峰的時代，全球預計有六萬八千枚核彈頭可以立即投入戰鬥。用膝蓋想都知道，要是這六萬多枚的大殺器全部炸下去，那世界會變的怎樣，毫不為過的說，冷戰時期，世界的「和平穩定」都是建立在這種「恐怖平衡」（Balance of terror）之上。

另一方面，由於雙方都存有大量的核武，而核武又是如此強大的武器，所以美蘇都不敢貿然出手開啟第三次世界大戰，因為兩國領導人都清楚，這三戰開下去，會毀滅的可就不只美國跟蘇聯了，順帶還會讓整個世界一起陪葬，因此為了緩解彼此劍拔弩張的情勢，在冷戰末期，美蘇等核武大國簽了很多削減核武數量的相關條約，在三十年後的今天，原本能夠投入戰鬥的六萬多枚被削到只剩三千多枚，對於這些簽了條約後又容易爽約的大國來說，確實值得讚賞。

最後，雖然從數字上來看，核彈頭已經被削減了很多，可這並不代表人類能夠從此就忽視核武的問題，相信這個問題稍微懂些國際局勢的人們很容易便能理解，因為就在我們生活的這個東亞地區，北邊就有一顆未爆彈動不動就在搞核試驗，至於是誰想必也不必多說了。

臺灣目前還沒有辦法製造出核子武器（應該是說沒有政治允許，以前試過但被老美阻止了），而我們也不是那些核武大國的領導人，無法控制他們要不要按下核武發射按鈕的心思，因此我們能做的努力非常之少，但相信世界和平這個目標，是世界上每個地球村公民的心願，畢竟大多數人不會一天到晚只想著打仗，所以在這裡，我有個希望，那就是願那些核武國家領導人不要腦袋突然進水、短路，也不要恣意開啟戰爭，雖然這個希冀聽起來跟小孩在生日吹蠟燭時許的願望沒兩樣，但英國有句話說：「戰爭一開始，地獄便打開（When war begins,then hell opened．）」相信沒有人會希望最終打開這道地獄之門的就是人類自己。

額外補充：末日鐘的故事

冷戰剛開始的時候，美國芝加哥大學的一家雜誌於一九四七年設立了一個模擬的時鐘，名叫末日鐘，而它的用處顧名思義是用來看末日什麼時候到的鐘，這個鐘的規則是，只要指針來到子夜（十二點）就代表著核戰的爆發，當初創立這個時鐘的時候，指針距離子夜還剩下七分鐘，之後，指針會因為世界上的局勢時而撥快或調慢，用來提醒世界各國要正視核武的問題，在歷史上指針離子夜最遠的一次達十七分鐘，原因是一九九一年美蘇兩大強權簽了削減戰略武器條約，一次讓指針調慢了七分鐘，然而後來這十七分鐘，又因為世界局勢的變化而開始調快，到二〇一九年的今天，末日時鐘已經來到了距離子夜兩分鐘的距離，是冷戰結束後最靠近子夜的一次（一九五三年時由於美蘇的軍備競賽，末日時鐘也曾來到距離子夜兩分鐘的刻度，所以現在的末日鐘的距離和一九五三年時的紀錄是一樣的。）

史上殺人數最多的熱兵器

馬克沁爵士的馬克沁機槍

姓名：海勒姆．史蒂文斯．馬克沁
性格：彬彬有禮的老紳士。
經歷：之前是個賣滅火器的後來改行當軍火販子，一飛衝天被維多利亞女王賜予爵位。
貢獻：發明了恐怖的馬克沁機槍。
重要性：★★☆☆☆
知名度：★★☆☆☆
隱藏技能：【孩童歡笑製造者】建設了世界上第一座遊樂場，補血速度＋8%。
【醉鬼的智慧】每當和朋友喝酒聚會，創意能力就會大幅提升。

第一次世界大戰是一個過渡期的戰爭，雖然科技進步了，但思想卻沒有跟上，以至於兩方的戰略十分死板，不思進取，陷入了高傷亡卻無從進展的泥淖。說來逗趣，由於一戰的戰術重複性太高，毫無變化，使得現今拍攝一戰電影的內容，大部分都大同小異，總會有個幾個老套劇情出現：

1 毒氣突然跑出來，熏死一些雜魚角色，然後大家開始對手帕灑尿，做個簡略的防毒面具。

2 馬克沁機槍過熱運作不了，長官帶頭喊灑尿，大家又脫下褲襠對準水冷孔灑尿。

3 一群人拿著上刺刀的步槍，對著一塊馬克沁陣地發起猶如二戰日軍般的自殺衝鋒。

說到底，一次世界大戰中最有名也最具有特色的大概就是毒氣跟馬克沁了，這篇文章來聊聊馬克沁機槍的歷史吧。啥？你說為啥不聊毒氣？我化學從來沒及格過，算了吧。

戰場新寵兒

話說，要說到馬克沁機槍，就不得不提到威廉二世這位軍國主義愛好者，當時威廉二世是個剛掌權不到十年的新手皇帝，心頭充滿幹勁，想要搞出一番作為。而到底要怎麼作才會讓大家覺得自己很厲害呢？威廉二世覺得：讓百姓吃得飽、穿得暖，這種東西看不到也摸不著，倒是大艦巨砲，亮晃晃的刺刀最吸引目光、最炫炮了。

威廉二世一腳踢飛了滿身功勳的俾斯麥，罷黜百家，獨尊軍國主義，開始採用新式裝備，像是G98（被稱之為吃雞神器K98的前身）、C96（有看過星際大戰嗎？男主角的手槍就是這把）等經典武器，都是在當時裝備的。然而，威廉二世卻對馬克沁機槍沒抱持多少好感，他向來對不必要的花費十分保守，所以自然對馬克沁機槍這種吐出大量子彈打人的「浪費資源」型武器興趣缺缺，馬克沁爵士本來親自發了張邀請函給威廉二世，但他絲毫沒有觀看馬克沁機槍表演的打算，直到在他舅舅英王愛德華七世的鼓動下，才去看了看。結果一看不得了，馬克沁機槍竟然把一棵大樹給攔腰打斷了！威廉一世嚇到差點從椅子上滾了下來，連呼「這才是真正的槍！這才是真正的槍！」隨後他自掏腰包，訂購了一批用來裝備他的近衛團，在一戰爆發後又陸續購買了數十萬枝馬克沁，在戰場中發揮了極大功效，使不論地理、人數、經濟皆落後於人的同盟國不但能支撐龐大的軍事壓力，還能將英法等國打得不要不要的。

馬克沁爵士的馬克沁機槍

馬克沁機槍到底有何魔力？又為什麼能讓威廉一世這麼喜愛呢？這就必須說到馬克沁爵士這位人才了。海勒姆．史蒂文斯．馬克沁是一位美籍商人，同時也是天才般的發明家，照理來說，發明家應該是鑽研在自己所擅長的科目上，譬如諾貝爾專心於改良炸藥，特斯拉專心於化學實驗，但是馬克沁就比較特別了，他的思想特別跳脫，不侷限在單一方面，而是天馬行空的想像，不過人家雖然愛幻想，卻也愛實踐，一想到什麼靈感，便馬上去做。因此，他曾發明過三樣完全沒有關聯性的東西：一個是救人的自動滅火器、一個是殺人的馬克沁機槍，而另外一個是……帶給孩童歡笑的遊樂園。

馬克沁後來靠著多項多項發明專利所帶來的龐大資金，創立了個大公司，專門賣照明燈以及滅火器，在那時代這兩樣物品才剛被發明，人們對它們的需求未達到飽和，所以馬克沁靠著它們獲得了大筆大筆的錢財。可惜好景不常，愛迪生出來攪局了。

在美國一八八〇年市政照明投標中，愛迪生想盡一切辦法排擠掉了馬克沁這個強力競爭對手，並逼迫他賣掉公司，離開美國。馬克沁眼看著自己的公司招牌遭到拆除，自己卻無能為力，唉呀……真是悽慘。

落魄的他因此想來個「藉酒消愁」，跟一位朋友跑到了酒吧買醉，在灌了幾瓶威士忌後，他的朋友突然發起酒瘋，胡言說：「把你的化學和電學扔到一邊吧，如果你想發大財就發明一種可以讓歐洲人更容易自相殘殺的武器！」這句話讓馬克沁立即酒醒，「你真是個天才！」誰都沒想到一個醉酒之人居然會啟發一個人的一生，歡欣鼓舞的馬克沁跑回了家中，閉門不出，開始研究高效的殺人武器。

逗趣的發明過程

但是馬可沁完全沒有軍事底子，不知要怎麼樣才能發明出讓人驚嘆的好武器。他左思右想，琢磨來琢磨去，想不出個所以然來，所以他放下手邊任務，跑去森林呼吸新鮮空氣去了。喔對了，馬克沁是個美國人，所以他可以合法擁有槍隻，他有一把單管獵槍，無聊時就會帶上它，這次跑去森林也順便帶著，用來獵鹿獵兔。只不過當時的槍枝皆為打一發裝填一發，十分不方便，而馬克沁槍法糟透了，而且「打一填一」

的緩慢動作使得馬克沁在打失一發後，獵物便可以大剌剌的逃走，他因此抱怨說：「要是我的槍能夠連發就好了。」

此話說完過了幾秒，馬克沁才恍然大悟：「喔喔對耶！要是有把槍能夠連發，一定會受大眾喜愛！我也會發大財了！」因此他開始研發可以連發的槍枝。但是，要連發的話，那一定要有一個動力將子彈給退殼，這樣才可以讓另外一顆子彈進入槍膛，完成連發的動作，但動力要從哪兒找啊？總不能用手拉吧？這樣不就跟格林機槍一樣了嗎？

馬克沁對此頗為苦惱，直到他有次閒閒沒事，正在回憶自己童年時，順便回憶到了小馬克沁第一次打獵時的丟臉回憶，當時小馬克沁正陪著父親在森林狩獵，小馬克沁看到了一隻小鹿兒，扣下板機發射子彈，鹿後來有沒有打到我不知道，彈獵槍發射時的強大後座力卻將馬克沁的肩膀撞得青一塊紫一塊，引發旁人笑話，同時在他腦海中留下了深刻的印記。

「後座力不就是引發子彈退殼的最好動力嗎！」馬克沁的腦袋突然變出了顆發光的燈泡，之後他便開始著手研發，最終完成了馬克沁機槍的原型，完成後馬克沁用自己的名字給機槍命名，在他發明燈泡以及自動滅火器時都沒有這樣的舉動，可見他對這把槍有多驕傲。

當馬克沁發明完後，自己先行裝子彈，想來個爽快的試射，結果令他十分滿意，馬克沁機槍將一棵大樹給攔腰打斷了！這就算是發明者也會看傻眼，然而低頭一看，馬克沁機槍卻因為射速過快而導致槍管融化，所以馬克沁又加裝了一個圓圓的大水壺，用來冷卻槍管。因此馬克沁機槍又有個正統名字：馬克沁水冷式重機槍。

一八八四年，馬克沁的機槍正式對外發表，雖然當時有許多固執的軍事家認為馬克沁機槍只是個浪費彈藥的代名詞，但批評是掩蓋不住此等偉大的發明的。七年過後，英國軍隊先是裝備了一批馬克沁，在打非洲土著的戰績上非常耀眼，引起各個國家眼紅，也跟著換裝，從此揭開了馬克沁機槍裝備世界各國軍隊的序幕。

舉一反三的德國人

馬克沁機槍雖然是英國人首批裝備，但將其「發揚光大」的卻是德國人，當初對於這種武器反應冷淡的德軍，最後還是在威廉二世陰錯陽差之下反應了過來，大量裝備並仿製成功。而他們最為引人注意的地方，不在於裝備這種武器，而在於他們如何運用這種武器。正如坦克是英國人所發明，但卻是德國人研發出裝甲突擊戰術一樣，機槍不是他們所發明，但他們卻是最先搞出「交叉型火網戰術」的軍隊。這種戰術在一戰中讓英法軍隊流盡了鮮血，其中又以索姆河戰役的戰績最具知名，其威力之大，讓英法軍隊認為德軍裝備了至少五萬挺馬克沁機槍，實際上德軍只有不到兩千挺，全在於配置得法，運用神妙。

德軍的創新還不止於此，在對面的英法聯軍也如法炮製，擺起了機槍陣地後，他們又將重達六十多公斤的馬克沁機槍，輕量化為一種全重不到十五公斤的可攜式「輕機槍」，將其作為精銳突擊隊的主要武器。這種精銳突擊隊又稱為「暴風突襲隊」，專門尋找敵方戰壕線上的薄弱環節，在精確的炮火掩護下突破缺口，跳入敵方戰壕，以手榴彈和馬克沁機槍實施迅猛攻擊，將那些手持「拉一打一」步槍的士兵擾亂得頭都不敢抬起來，趁敵方大亂之際讓隨後大部隊跟上，繼續擴大缺口。這種戰術是後來大名鼎鼎的「閃電戰」前身。

在一戰、二戰的荼毒之下，馬克沁水冷式重機槍成為了史上殺人數量最多的熱兵器，至今仍無法打破。說個題外話，就連腐敗老舊的大清帝國也於一八八八年開始換裝，當初李鴻章為了看馬克沁一面還特地遠赴歐洲，而馬克沁也給大清公使們表演了他的拿手絕技，攔腰射斷大樹，這次槍管沒有融化了。表演也驚得李鴻章連聲道：「太快了！太快了！」而聽到價錢時卻說：「太貴了……太貴了……。」

明星不可以兼職發明家嗎？

才貌雙全的藍芽之母海蒂・拉瑪

姓名：海蒂・拉瑪
性格：堅定不移、勇於築夢。
經歷：很有故事的女人，有電影明星、科學家、軍事學家、作家的四重身分。
貢獻：無線電加密系統。
重要性：★★★★☆
知名度：★★☆☆☆
隱藏技能：【國色天香】美到炸。
【無線網路】使用技能後可以長時間使用Wi-Fi，居家旅行必備。

作為影視界最發達壯闊的西方國家，美國出產的大咖明星非常多，特別是美麗性感的女星，雖然我並不太了解影視業的歷史，但是隨便掐指一算，至少也能說出十來個人的名字，有的得過奧斯卡、有的演過票房冠軍的電影……，然而如果她們遇上這篇文章要講的人，可就要壓低她們的高傲的頭顱閃邊站了，她就是好萊塢史上顏值、智商雙料冠軍的霸氣姐，集才貌與智慧於一身的海蒂．拉瑪。

海蒂被好萊塢譽為「世上最美麗的女人」，被科學界稱為「二十世紀聰明女性的代表」，被史學界讚為「集漂亮與智慧於一身的女科學家」。這些稱號雖然看似誇大，卻無不有理，在那個年代，有海蒂漂亮的沒她聰明，有海蒂聰明的沒她漂亮，才貌雙全的她，簡直是上帝欽點的人生勝利組。她一生的發明很多，都具有一定的歷史意義，而最具開創性的發明，當屬於奠定現今手機與無線通訊系統基礎的「秘密通訊系統」。可惜的是，海蒂所做的一切並不受到時人的看好，甚至因為種種因素，讓科學界普遍不承認她的發明達五十多年之久，她成為了一位被遺忘的天才，唯一留給世人深刻印象的，只有她的外表。

猶太富商家族

海蒂．拉瑪一九四一年十一月九日出生在奧地利維也納，是一個猶太富家的獨生女，父親是奧地利有名的銀行家，母親是鋼琴家，兩人皆為純種猶太人。眾所皆知，猶太人由於民族性等因素影響，自古以來擅長經商行銷，海蒂的家庭也因此錦衣玉食，她是父母眼中的千金寶貝，從小捧在掌心上呵護照顧，被寵得不像話，要什麼有什麼，反正家裡有的是錢。在自傳裡，她曾這樣描述她的家庭：「我的母親是一個非常美的女人，我父親很愛她，所以我的生活不僅寬裕，而且還時刻沐浴在愛中。那時候我覺得，一個女人長得漂亮，就會有男人愛她，這個世界就是這樣。」

在音樂之都維也納，海蒂深受文化影響，從七八歲時就能跳芭蕾、彈鋼琴，後來她靠著顯赫的才藝成績，考上了著名的瑞典女子學校，並選修了鮮有女性涉足的通信工程，為她之後的無線電發明埋下了伏筆。

涉足電影

十六歲時，海蒂迷上了戲劇表演，她不顧父母反對，放棄學業，獨自一人跑去柏林，跟戲劇導演馬可斯學表演。為爭取表演機會，她先在拍攝現場找到場記工作，這份工作的主要任務即是輔助導演，將現場拍攝的每個情況、各方面的細節和數據記錄下來，防止拍攝中的失誤。海蒂明白，場記是不露面的工作者，沒有辦法讓她大紅大紫，但她選擇這個工作有她的理由——海蒂想要一蹴而就。

當時演藝圈的黑暗程度，跟現在相比是差不多的，職場上競爭激烈，充斥著各種陰險狡詐的衣冠禽獸，要爬到電影女主角的位置，不知道要歷經多少苦難，可能還沒有當上配角，就被同儕們給拉下台了。海蒂深明如此，因此她選擇拋棄常規道路，制定了最聰明的計畫。

在整個製片過程中，與導演進行最多互動的，就是場記了。海蒂的職位，使他獲得了接觸導演的機會，她那令人過目難忘的美，在上班的第一天就迷倒了導演馬可斯，他不顧一切，重金投資這位從未出道的美人，主導拍攝了海蒂的第一部電影《街上的黃金》。

從此，海蒂開始了他的演藝生涯，十八歲那年，捷克斯洛伐克電影《神魂顛倒》

的導演找她出任女主角，這部電影講述一位女子與年長的紳士結婚，不過女子並不喜歡古板守舊的丈夫，在偶然的機會下認識了一位風度翩翩的年輕人，爆發出了一連串的情愛風波。就大意上來看，這部電影也只是部普通的八點檔感情劇罷了，不過就歷史進程上來看，《神魂顛倒》絕對能稱得上是電影界的重要里程碑，它是史上第一部兩點全露的電影，以及可能為電影首見的女性性高潮場面。導演初次交付海蒂電影劇本時，承諾將電影推向國際市場，條件是相對大的尺度。海蒂連眉頭都沒有皺一下，便在合約書上簽名了，她事後說：「我痛恨所有的傳統，即使是藝術也一樣，全裸算不上什麼。如果你用你的想像力，便可以看到任何女星和她的裸體。」

海蒂拉瑪不拘於傳統思想，屢次突破社會底線的舉止，使她的人生也充滿了傳奇色彩。電影初次放映後，票房收視率整個炸開了，跟張競生的《性史》一樣，人們雖然表面上叫罵不正經，私底下卻愛看得很。上映了兩個月，票房來到了驚人的一百五十萬美元，可別以為這是小數字，當時的物價與現在差很多，放到現在來看，它的購買力相當於兩千多萬美元，比十多年前在臺灣爆紅的劇情《長片海角七號》多了整整三百萬，實在厲害到有點恐怖。

《神魂顛倒》於那年一舉得下威尼斯電影節最佳導演獎，十八歲的海蒂成了世界上首位全裸出鏡的明星，影視界在震驚之餘，也對這為風華絕代的美女產生了難以抹滅的印象。但有多少的名氣，就換來多少的非議，俗話說的好：「人怕出名豬怕肥」，海蒂的一舉成名，也同時帶來了鋪天蓋地的爭議，保守派認為海蒂淫穢不堪，教皇說她製造了歐洲歷史上最大的醜聞，伊斯蘭世界發起聯合禁播運動。即使如此，也沒辦法掩蓋實力派演員海蒂的似錦前程。

比海蒂年紀大十四歲的奧地利軍火大亨曼德爾看了電影後，被迷得神魂顛倒。後來就是一頓男追女的老套故事，男人以他的社會地位，給予女孩保護，又以溫柔而不失直率的姿態，瓦解女孩的心防。最終皇天不負苦心人，抱得美人歸。

認識三個月以後，他們閃電結婚，兩人處在新婚恩愛的浪漫期，對各自的一些缺點都忽視掉了，海蒂本人是反納粹的，但曼德爾卻支持納粹，當時德國政府正在研究無線電通信干擾技術，曼德爾允許海蒂旁聽並記錄他與武器專家的談論，海蒂起初並不想讓丈夫跟他們相處在一起，但為了不干擾丈夫的事業，她心情一轉，變得用功起來，開始學習這些專業術語與寓意，輔助曼德爾。這也為她不久後的發明打下基礎。

然而婚姻就是打破對方浪漫幻想的第一步，愛消失了，取而代之的是現實。海蒂逐漸了解，她所推崇的男人不是這麼完美，雖然口口聲聲說海蒂的好，但並不了解海蒂的心之所向，經常把她看做虛有其表的陶瓷花瓶，曼德爾禁止她涉足演藝，將她軟禁在家裡，海蒂仍想繼續他的演藝事業，在家裡試圖接發送一些信件給演藝公司，但都石沉大海，她後來才知道，曼德爾在寄出之前，都會經過「詳盡審查」，把不合格的信都燒成灰。

消除了未來，曼德爾還想毀滅過去，不惜一擲千金想把《神魂顛倒》的拷貝統統收回，為此與海蒂大吵一架。

難道海蒂的演藝夢，就要在丈夫的凌駕下結束了嗎？才怪。

大膽無畏勇敢追夢

海蒂哪能接受丈夫的所作所為，她決心離開這位阻礙夢想的傢伙。

一九三七年的某一天，海蒂陪同丈夫出席晚宴，中途她以身體不適為由退席，然後用迷藥迷昏了侍女，穿上了傭人的衣服，跳出廁所的窗戶，連夜逃到了巴黎，結束了她與曼德爾的婚姻，經過幾次輾轉，海蒂順利來到了倫敦，遇到當時英國最大的電影企業——米高梅公司的老闆路易·梅耶，這位奧斯卡之父當時也有打算找幾個德國演員合作，但他並不想要應徵猶太人。

梅耶給海蒂的開價為每週一百二十五美元（相當於現今新臺幣十一萬元），能接受就來上班。海蒂覺得這簡直是一種侮辱，但她並沒有明說，而是火速買了船票，登上了和梅耶同一艘開往紐約的渡輪。

她穿上淡藍色的禮服，戴上身上僅有的一件首飾，緩緩走過餐廳的長廊，所有人的目光都定在她身上，當然，梅耶也是其中一人，她是如此地美麗，慧黠燦亮的雙眼、親切迷人的微笑、窈窕優雅的姿態，即便在最挑剔的人眼中，她也是如此地完美無暇，白裡透紅的肌膚在大廳水晶燈的照映下越發透徹，呈現出一種獨特的微紅，當她走到了梅耶身邊時，梅耶的呼吸都快停了，海蒂緩緩坐下，帶著輕微的口音說話了。

約莫過了半個小時，海蒂成功與梅耶簽訂了每週五百美元的合約（相當於現今新臺幣四十四萬元）。

剛剛來到好萊塢的海蒂沒有人脈也沒有權勢，沒有接到任何角色，過了一段時間，才受邀參演電影《海角遊魂》，也正是因為這部電影，海蒂從低谷衝向雲端，迅速成為好萊塢的寵兒，登上各大雜誌的封面，成為了各方權貴朝思暮想的女神。

或許是因為第一次婚姻的不快，海蒂不打算理那些渾身是錢的商人，她形成了自己的一套愛情哲學，那就是「和最沒有距離的人談戀愛」，她選擇和一直以來陪伴她的編劇兼製片人吉恩．馬基結婚，馬基是一位身材偏胖的男人，個性溫和有禮，態度翩翩友善，海蒂覺得他「有許多和她父親一樣的特質」，在幾個月的幽會後，便迅速結婚了。

事實證明，海蒂選錯了，吉恩表面上老實，內心卻放蕩不羈，婚後僅僅幾個月就爆出出軌新聞。

雙方離婚之後，海蒂開始思考自己為什麼運氣這麼差，明明天生麗質，有良好的社會地位，也有很大一筆的財富，為什麼就是不能找到一位好男人？經過思索，她將事情怪罪於自己的美豔：「一直以來，我的臉孔是我的不幸，它吸引了六個失敗的婚姻對象，它吸引了錯誤的對象來到我的閨房中，並且在五十年的歲月裡，不斷地帶給我悲劇和心痛，我的臉是我不能移走的面具，我必須永遠與它在一起，但我咒罵它。」

婚姻生活失敗的海蒂，將所有心思都放在事業上，她一改對劇本來者不拒的慣例，開始追求精緻、富有內涵的人物，在《繁榮小鎮》裡飾演一名具有鮮明個性的女顧問，以絕佳的演技，幾乎搶走了主角的所有鋒頭，成為觀眾矚目的焦點，由此奠定了海蒂在好萊塢的地位。

在三〇年代，整個好萊塢的黃金時期，海蒂．拉瑪是群星的模仿對象，海蒂在好萊塢驚艷了近四十年，先後參演了二十五部戲，和許多大牌男星合作，其中包括人稱「電影皇帝」的克拉克．蓋博、「米高梅首席美男子」羅伯特．泰勒。

不過令人訝異的是，即使在影視上獲得巨大成功，海蒂一生卻從未獲得過任何獎項，這或許與她之前拍攝的《神魂顛倒》有關係，當時的專業電影人士不僅看演技，還會看私生活才做出評價，見海蒂出道時期不妥，便一概不同意她後續電影的發展了。

有趣的發明

隨著名聲日益上漲，海蒂接到的合作邀請也越來越多，她的事業變得無比繁忙，每天都必須待在片場工作，只有禮拜日可以稍微休息一天。為了讓自己能夠安下心來，腦子不要一直想著工作的事情，她在家裡設置了一個科學研究室，意圖用一種事情，來忘卻另一種事情。

誰幫她蓋科學研究室的呢？就是著名的飛機設計師霍華·休斯。休斯是一位著名的花花公子，當時除了經營飛機公司外，還是影視界的一位大咖導演，曾拍攝著名的《地獄天使》，在閒暇之餘，他認識了美麗動人的海蒂，有傳言稱他們兩人曾經交往過一段時間，我倒深信不疑，休斯的情商一流，泡遍好萊塢的一流女星。海蒂即使聰明，面對英俊幽默又有錢的休斯，也只能被迷得神昏顛倒、忘卻三餐了。

海蒂曾為正在改良飛機速度的霍華提供了建議，當時的飛機樣型很生硬，用「會飛的鐵棺材」來形容都不為過，翼板是長方形的一塊薄鐵板子，阻力強大，笨重緩慢，海蒂認為機翼應該參考鳥類和魚類的形狀，要有流線型的外觀，她操起畫筆，將鳥和魚的外觀與飛機的樣式融合在一起，交給了霍華，成為了著名的H1飛機的原型。

除此之外，海蒂也曾研製可樂發泡錠。美國人愛喝可樂是眾所皆知的事，二戰初期美國後勤能力很差，加諸遠洋運輸船的空間有限，能省一分空間就是一分，屬於奢侈品的飲料便被杜絕在外了。這種便於攜帶的發泡錠體積小，可以大量運輸，只要投一粒進去瓶內，就成了可樂。戰場前線吃緊的時候，士兵們特別想來一口爽口的飲料緩解情緒，海蒂的發明，大大緩解了前線美軍的壓力。

無線電的發明

在二戰全面爆發以前，海蒂的祖國奧地利就已經被吞掉了，爆發之後歐洲政局更是風起雲湧，荷蘭、比利時、盧森堡、丹麥接連淪陷，就連號稱世界陸軍第一強國的法國也在不到三個月的時間內就投降，依照這個趨勢發展下去，整個歐洲被軸心國拿下也只是時間問題。

當時的德國擁有成熟的無線電通訊技術，能夠輕易躲避魚雷攻擊，美國的盟友英國根本沒有辦法應付，同盟國要擊沉德國一艘潛艇，平均必須犧牲十四艘軍事艦船，要損毀共九千噸的德軍潛艇，就必須犧牲共七十萬噸的軍艦，而且這還不包含德軍擊沉敵軍商船以及零散艦船，要是增加此類數據，德軍和同盟國的犧牲擊殺比將來到恐怖的 1：110。這深深觸動海蒂的神經，並讓她得到靈感。

當時軍方試圖發明一種無線遙控魚雷，在魚雷和發射艇之間建立無線電通信，以此控制魚雷的發射方向，看似是傑出的一手，但實際上漏洞百出，你能遙控它，德國人也可以用同樣頻率的電波試圖操作它，弄不好魚雷還繞個彎，把你給炸了。

海蒂認為，只有不停隨機改變信號頻率，敵人才沒辦法控制魚雷。她將這個想法告訴了她的朋友——音樂家喬治·安瑟。安瑟認為可以在魚雷與接收器各自置入微型鋼琴卷軸，在同一時刻播放相同的音樂，並讓無線電頻率隨著音符一起轉換，如果轉到 Do 就跳到五百頻率，轉到 Re 就跳到五百一十頻率，Mi 五百二十、Fa 五百三十……，以此類推，既可以防止敵方干擾，也能讓軍艦和魚雷進行操作。

海蒂開始鑽研理論設計圖紙，於一九四一年設計完成「頻率跳變」裝置，一年後申請了專利，這就是安全 wi-fi、藍芽、無線加密手機、GPS 的前身。

海蒂將專利捐贈給了美國政府，但是他們連看都沒看，就把它給扔到角落去了，什麼鬼東西！樂器哪能跟魚雷混為一談，滾一邊去吧！海蒂正常管道走不通，只好親自出席海軍與國家發明委員會、FBI 的一次聯席會議，試圖趁著開會的間隙用圖紙解釋這項技術的原理，讓軍方重新審視她的發明，但是軍方無法無法接受這項大膽的提議，他們認為，最好的技術、最優秀的人才都已經到政府旗下服務了，一個女演員和一個音樂人，怎麼可能比他們更了解軍事武器呢？

二戰時期，美國政府從未將這項技術用於進攻軍艦，他們懷疑海蒂熱衷軍事發明，搞不好是收了希特勒的錢，以專利轉讓為理由，趁機竊聽我們的軍事情報。聯邦調查局寧可信其有，以「戰爭法」沒收了她的跳頻專利，並限制她的部分公民權利。海蒂的一片苦心換來的不是褒獎，而是聯邦調查局的跟蹤。

此時，海蒂與梅耶的合作關係也變得岌岌可危，他們倆總是認為自己的拍攝手法才是正確的，為此甚至經常吵架，梅耶是好萊塢大佬、米高梅電影公司創始人，哪能容得下一位女人在旁邊嘮叨？怒從心中起，惡向膽邊生，梅耶暗中策畫報復海蒂，要她知道什麼才叫厲害。趁著美國政府對她的蔑視，梅耶加緊復仇的步伐，更以各種方式詆毀海蒂的名聲，他本以為這會讓海蒂低調點，讓她好好參與計劃，沒想到這位霸氣外露的小姊姊直接甩手不幹了，離開米高梅並自己成立公司。

由於沒有導演、編劇的建議與紛擾，海蒂可以將自己的奇思妙想付諸於電影中，終於在兩年後，海蒂製作了她的第一部導演作品，也是其一生最具代表性的電影《霸王妖姬》，影片講述的是一位天生大力士參孫的神話故事。這部影片也取得了一九四九年的世界票房冠軍，以及將近十年的票房亞軍。（至於票房冠軍是誰呢？就是迪士尼的《仙履奇緣》啦，沒贏他很正常，畢竟這電影實在太有名了。）

海蒂如願攀上了最高峰，享受著朝思暮想的成就，然而，在挺過極點之後，她發現再也超越不了自己了，在此後的影視之路，海蒂越走越下坡，拍攝完成的電影也因為找不到銷售渠道而票房黯淡，她幾乎成了爛片大王。

海蒂在短短幾年間，票房一路慘跌谷底，她嘗透了世間百態、人情冷暖，心中不由得悲涼起來，她張開雙眼，望著年華已逝的臉龐，如今已經不是那個芳華絕代的美人了，「我還能做些什麼呢？下一步路該怎麼走？」她默默在鏡前自語。

悲劇的晚年

海蒂選擇在一個寒冷的春夜裡，發表退出影視業的聲明。

人在窮途末路的時候，總會不自覺的想逃避現實、找些依靠，此時，海蒂她遇上石油商人霍華．李。他是一位敦厚有禮的中年紳士，不喜歡在媒體前出風頭，專心地做自己的事業，海蒂看中了他的老實，遂與他結婚，這是她最長的一次婚姻，持續了七年，直到海蒂的皺紋出現，老李找到了另外一位更漂亮的女人。

第五段婚姻的失敗，使她終於開始逃避現實，沉迷於毒品之中，後來更是為此傾家蕩產。走投無路的她，選擇重返影視業，但是冷酷的社會，早已無法接受一個年華老去的女人。為了在競爭激烈的電視台上博得版面，海蒂只好選擇低聲下氣，演出一些誇張的娛樂節目。曾經的女神，成為了台上的小丑，偶爾出現在報紙上不是因為在商場偷竊被起訴，就是她出版暴露個人情慾隱私的自傳小說。

海蒂的通告越來越少，漸漸淡出了人們的視野，直到九〇年代，隨著電子產品盛行，根據其「跳頻技術」研發無線數字通信系統的高通公司靠著這項技術，在二十世紀末的電子市場上幾乎戰無不勝，成為真正意義上的「科技霸主」。然而他們並沒有支付海蒂專利，當時專利期限已經失效，海蒂終其一生推行的發明結晶，始終沒有讓她賺到一毛錢。

直到一九九七年，人們忽然想起高齡八十三歲的海蒂，她再次受到鎂光燈的聚焦。美國電子前沿基金會打電話給海蒂，說舊金山政府將計畫一場以海蒂為主軸的科學展覽會，誠摯邀請她重出檯面，世人將在此時承認她的社會成就，並敬稱她為 CDMA（分碼多重進接）之母，但那時海蒂早已皓首蒼顏、體衰多病了，她不願意走出家門，讓世人看到自己現在的樣子，只在電話裡作出一些簡單的表態，便結束了。

二〇〇〇年一月十九日，海蒂在睡夢中安詳離去，享壽八十六歲。十四年後，海蒂．拉瑪入選美國發明家名人堂，是歷史上唯一一位入選的女演員，她的才華經歷了無數波折，如今終於受到世人認可。

我們不得不承認，世間虧欠海蒂的東西太多了，從劃時代的裸體電影，到那碩果累累的科技成就，海蒂顛覆了人類的普世價值觀，屢次挑戰世俗道德極限，雖然在那個時期沒有得到承認，海蒂的眼光卻沒有停滯在這麼短淺的地方，她持續堅持理念，用自己的智慧改變世界。她曾經告誡自己的兒子：「思想偉大的人會被思想最渺小的人打倒，即便如此你也要胸懷大志；花費多年建造的東西可能會在一夜之間被摧毀，即便如此你也要建造，給這個世界最好的；你將會飽受打擊，即便如此也要把最好的你給世界。」

正如海蒂一生的縮寫，即便屢受打擊，她依然把悲傷默默吞下，將最好的留給世界。

世界上最偉大的花花公子

霍華・休斯的飆速飛機

姓名：霍華．休斯

性格：風流才子，把他想像成漫威電影的鋼鐵人就對了。

經歷：含著金湯匙出生，基本上什麼都不愁。

貢獻：幾乎涉及了所有的航空事宜，連登陸月球都有他的份。

重要性：★★☆☆☆

知名度：★★★★★

隱藏技能：【發大財】一言不合就發大財，每局勝利的金幣加成增加800%。

【傲慢的公子】極度潔癖，故無法進入部分地圖。

我撰寫此書的初衷，是為了讓讀者們能夠對科學產生興趣，讓大家看到科學時，腦袋中浮現出的再也不是那些複雜呆版的數字，而是許多有趣生動、引人入勝的小故事，但這篇要講的人物，可能不是一位值得大家效仿的發明家，他生性風流，靠著權勢，幾乎跟當代的所有好萊塢女星有一腿（傳說海蒂也是他的秘密情人！）他毒癮纏身，晚年時為了保持工作效率，竟吸食毒品提振精神；他鋪張浪費，每一餐幾乎都會花掉數千美金；除此之外，他更是著名的賭場經營者，幾乎擁有拉斯維加斯的所有賭場和酒店。

即使如此，休斯的人物生平還是很值得探討的，他的一生高潮迭起，好不精采，在他的領導之下，美國發明了第一部雷射機、第一顆同步通訊衛星、第一個登月探測器、甚至現今全球在役的衛星中，有將近一半都是出自這位花花公子一手創立的休斯飛機公司。

可以說，這位吃喝嫖賭沒一樣不幹的「神鬼玩家」，是在誤打誤撞之下「玩」出了美國的科技盛世。

開掛般地出身

人生本身充滿選擇，選擇的正確與錯誤，都會影響到將來的發展，而最重要的選擇，那就是投對胎啦，有什麼比投胎還更重要的呢？若是幸運出生在富貴人家，等同於加了道潤滑油般，順暢無阻、扶搖直上！

休斯就是投對胎的最佳範例，他誕生於休斯頓的一個富商家庭，父親是個不怎麼成功的石油商人，但卻是「不務正業」的最佳典範，倚靠業餘發明——雙錐旋轉鑽頭走向榮華富貴，在這個之前，原油開採用的都是單鑽頭，不僅效率差，還容易壞，父親透過這種獨特的鑽頭，為他的家庭帶來了數不盡的資產。

休斯從小就是個什麼都擁有的男人，帥氣的外表、同儕們的崇拜、無邊的資產，各式人們夢寐以求的東西，對他來說都是輕而易舉。休斯的父母很溺愛他，任由他去做他喜歡的事情。

十幾歲的時候，休斯便學會靠著撒嬌來獲得物質上的滿足。在父親工作的時候，休斯會幫他泡咖啡、幫他按摩，並好像不經意一樣，詢問他是否可以一起出去輕鬆輕鬆，父親很不會拒絕孩子，每每拋下工作，和小休斯搭上司機的車，一起去玩高爾夫和撞球，享受富貴繁華的生活。

此時期的休斯，可以說什麼世面沒見過，什麼錢沒碰過，什麼名車沒有玩過，課內書本丟一旁，學期成績都不及格，他父親很頭疼，但貪玩本來就是孩子的天性，我又能做什麼呢？他向休斯提出學習的最低底線：「書可以不讀，但工程一定要學」，從此，休斯在父親的幫助下，整日閱讀工程物理，過著充實的生活。

要說這位小富豪的智商嘛，是眾所皆知的高，但大家都沒有想到，他對工程物理的悟性這麼好，話不用說第二次，一學就通，在十五歲前就做出了許多成果，前後做過以下事蹟：

十一歲，製造出休斯頓第一個無線電台。

十二歲，發明出世界上第一輛自動腳踏車。

十三歲，學會拆解並組裝摩托車。

十四歲，學會開飛機（然而休斯到二十多歲才擁有飛行執照，這代表說他一直以來都是無照駕駛……。）

休斯無憂無慮的快樂生活一直持續到十八歲，那年，他的父母雙雙故去，父親的公司群龍無首，大家都為了領導的位置搶得頭破血流，而親戚也為了爭奪家產四分五裂。大家都在思考著自己的前途，好像忘記了這個孩子。

正當大家都在可憐這位孩子的遭遇時，誰曾想到霍華・休斯的人生從此拉開了序幕，一向玩世不恭的休斯在父母遺產聽證會上展現出了驚人的魄力，以滔滔不絕的口才、精闢的論點，爭取得全部遺產，並合法收購了父親公司的外在股權，使他成了休斯公司唯一的股東。

請記得，此時的休斯，只是一名不到十八歲的年輕人。

獲得巨額遺產和公司所有權後，休斯做出了令世人驚訝的舉動，就是不顧所有人的反對，把父親用盡一生心血的公司給賣掉了！他賣掉公司的理由很簡單，就是美國的礦產快爛掉了，如今影視界蓬勃發展，這才是王道。

十八歲生日那天，在「眾叛親離」之下，休斯的生日顯得格外冷清而寂寥，親屬們不願意到場，昔日的員工也婉拒邀約，諾大的別墅裡面，只有休斯和他的傭人兩人在場，休斯坐在餐桌的正中間，表情毫無喜悅，心頭百感交集，他默默地拿出蠟燭，自己點火，自己吹熄，雙眼微閉，許下了三個願望：

拍世界上最宏大的電影，開世界上最快的飛機，成為世界上最有錢的人。

世界上最宏大的電影

休斯首先完成的願望，是進軍電影業，他把父親的一部分遺產拿去買電影版權，並創立了電影公司，成功上映了人生第一部處女作，《Everybody's Acting》，由於只是牛刀小試，沒有顧及的事情太多，致使這部電影銷路不好，虧損了八萬美元……，不過休斯並不在意，這不過是遺產中的九牛一毛罷了。好萊塢公司的各大名流都覺得休斯是來亂的，既沒有相關經歷，也沒有一線演員，只靠休斯的三分鐘熱度在撐，他們一概認為，當休斯有一天玩膩，就會主動離開好萊塢了。

不過，這次休斯是認真的。

他迅速掌握了好萊塢的遊戲規則，後來製作的幾部片都火熱大賣，甚至獲得了第一屆奧斯卡的最佳喜劇片導演獎。休斯就像一匹脫韁的野馬，無視道德倫理以及世俗眼光，同時，他的個性又異常嚴厲，容不得一絲差錯，拍攝中途有事沒事就炒人魷魚，甚至拍到一半時，就把女主角給炒了，原因是女主的口音太難聽。

有一次，當他無照駕駛著私人飛機在海岸上空遊蕩時，突然靈機一動：「不如來拍個空戰大片吧？」沒錯，就是這麼一個隨便的契機，造就了後來《地獄天使》的開拍，這是一部描寫一次世界大戰的大片，當時好萊塢銀幕上的空戰場景，大多是用提線模型進行拍攝，真偽一眼看就知道，很難使人入戲。

為了拍這部電影，休斯不惜耗費重金，一口氣買下了八十七架戰機，在今天，八十七架飛機或許不算什麼，不過當時飛機是稀少且不普及的，我們的中華民國政府和德國、美國、蘇聯進行了多少次外交，最後只湊出二十五架質量不一的飛機用於對日抗戰，休斯拍電影用的飛機，就足以戰勝我們的空軍了。

既然是空中大戰，一定要有飛機被擊落墜毀的場面，休斯雖然有錢，可以讓幾十萬美元的戰鬥機說摔就摔，但誰又願意冒險去駕駛墜機呢？沒命了怎麼辦啊？他見無人擔此重任，就義無反顧地跳上飛機，飛向藍藍的天空去了。

當時拍攝手法是這樣的，戰機要模擬俯衝失敗，人在墜毀的前一刻及時跳出來，但是休斯操作出了問題，他似乎太緊張了，把彈射跳傘裝置跟方向桿混淆，用力一拉，飛機就馬上傾斜失去控制，一邊轉圈，一邊衝向地面。碰咂！隨著一聲巨響，所有人都覺得老闆完蛋了，殘破的飛機瀰漫著濃煙，讓人看不清楚駕駛座的狀況，休斯此時還清醒著，他敲破窗戶，艱難的從駕駛座裡面爬了出來，就像電影場景一樣，剛出來飛機就炸了。

《地獄天使》前前後後折騰了三年，用掉了一千公里長的膠片，摔死了三位飛行員，休斯本人也因為意外導致重度腦震盪……，把這些林林總總的成本加起來，我們可以得出一個可怕的數字，那就是為了拍一部影片，休斯總花費高達四百萬美元！相當於今日的一億兩千萬美元！要知道，臺灣成本最高的電影《賽德克巴萊》的預算也僅有兩千五百萬美元而已，整個好萊塢都知道霍華．休斯快破產了，但一九三〇年上映之後，回收的票房比投入的資金更令人瞠目，此時的美國正值經濟大蕭條時期，許多人飯都吃不上，更別提去影院看電影了，當時業內人估計，這部電影票房最高也不超過兩百萬。

但《地獄天使》上映後，奇蹟發生了。

在那個沒有電影特效，黑白電視尚未普及的年代，這部規模空前的大製作、大場面的空戰影片，讓每個觀眾都為之瘋狂。《地獄天使》才剛上映就刷新了美國最高票房紀錄，最終達到了驚為天人的八百萬美元！

當年，霍華．休斯年僅二十五歲，他完成了三大願望中的第一個，大好的未來正在等著他。

世界上最快的飛機

自從一舉成名以後，休斯每天的生活可說是爽翻天了，你想想，上班族整天辛苦幹活是為了什麼？無非名聞利養、五欲六塵。你再看看休斯的境界，錢多少不說，問題是真不在乎，只要有錢就肆意揮霍，心情好時就在公司亂加薪；女人更是隨取隨用，他想找哪個女人，就找哪個女人，在經營電影公司的十幾年期間，曾結交過一百六十四位女友，幾乎所有電影女星都跟他有一腿，休斯成為了金錢與地位的象徵。

不過，大眾對休斯並不反感，那時候的人們不像我們現在那麼注重私德，被抓包外遇事業就毀了，他們認為緋聞歸緋聞，成就歸成就，休斯為當時的美國航空業做出了巨大的貢獻，這點男女私情，算不了什麼的。

拍完《地獄天使》之後，休斯仍對飛機非常執迷，一向喜歡自己動手的他，不滿足只做個策劃者，參加了在邁阿密舉行的一次全美短程飛行比賽，以三百零二公里的時速一舉奪冠。可他並不滿足於這樣的成績，對瘋狂追求速度的休斯來說，他不想只是在比賽中獲得冠軍，而是要成為世界紀錄的冠軍。他在公司內開啟了一項私人計畫，找尋了許多廠內的高級設計師，最終完成了著名的「H-1銀色子彈」。

之所以有這個帥氣的別名，不是因為休斯中二病發作。為了保持機身的極致輕盈，廠內員工不為它塗上任何烤漆，因而保留了原本金屬蒙皮的味道，加諸修斯要求將原本突出的鉚釘打磨平整，遠看起來，它就像是一枚光彩奪目、平整滑順的子彈。

銀色子彈的正式名稱叫做H-1（Hughes H-1 Racer）飛機，休斯不常以自己的名字命名發明，然而這次卻首次用上了，可見他對這架飛機抱予多大期望。H-1飛機並不安全，由於休斯將機身、機翼削短、油箱體積減少，好讓阻力變得更小，又將一千匹馬力的超大引擎裝進去，天知道它能不能負荷，休斯的公司裡沒有人敢駕機試飛，他便決定親自出馬。在機場上轉了幾圈後，他的速度來到了驚人的五百五十六公里，刷新了美國飛機時速紀錄，休斯樂得全然忘我，在空中轉彎、翻滾，直到發現主油箱已經沒有汽油後，才以滑翔的方式緊急著陸。

至此，他總算達成了十八歲生日的第二個願望。

休斯的人生雖然瀰漫著荒唐的氣息，但在航空方面的貢獻卻是不勝枚舉，在追逐著夢想、品味著生活的同時，也推動了社會進步的歷程。一直以來，繞行地球飛行是十分艱鉅的挑戰，有很多飛行員想嘗試，但是都在途中掛掉了，少數幾個人雖然成功，但飛行紀錄都很慢，大多耗費將近一個禮拜，甚至半個月的時間。霍華．休斯對他的H-1機型進行了一次較大的改進後，決定刷新環球飛行記錄。

一九三八年七月，他駕駛著飛機從貝內特機場起飛，只用三天多的時間就完成了環球飛行，將此前的世界記錄縮短了整整一半。回到出發地紐約的貝內特機場時，那裡已經聚集了兩萬五千名等待著世紀英雄歸來的群眾。多日未修邊幅的休斯臉上都是鬍渣，衣服充斥著臭不可聞的味道，他的雙目更是布滿血絲，顯得很疲憊，但他仍在歡迎會上發表了簡短而謙遜的談話：「這次飛行能順利完成，完全歸功於周到細緻的準備和高質量的飛機，絕不是我個人的功勞。美利堅合眾國雖然發明了飛機，但可惜的是，幾乎都是外國人創造了所有的飛行紀錄。如果這次飛行成功能提高美利堅合眾國在航空界的國際知名度，那就是我最大的安慰。」休斯在接受表揚的同時，還不忘酸一下美國自以為是的安逸主義。

打破飛行記錄後，休斯累積了一定的名聲，身邊也匯聚了一大批頂級的航空工程師，原本只是誤打誤撞的小公司，一下擴張成了國際性的大企業，成為美國國防部的供應商，並在四十一歲那年榮登美國第一個億萬富翁。

至此，休斯十八歲的願望全部達成了。不知道大家還記不記得十八歲生日那天，許下過什麼願望呢？一般人就是說著玩罷了，休斯卻說到做到，在佩服之餘，又覺得有些莫名其妙的可怕，對吧？

大力神水上飛機

其實休斯也不是一味的伶俐，他同時有大人的智慧以及小孩子的執著，曾經連哄帶騙地讓美國軍方投資了人類航空史上最愚蠢的發明——水上飛機大力神 H-4。

休斯與水上飛機的淵源，可以追朔到一九二〇年的秋天，當時休斯十四歲，他老爹帶他去新倫敦的泰晤士河邊遊玩，正巧遇到耶魯大學和哈佛大學的划艇比賽，老爹以前是哈佛的學生，遠望見划艇上印著哈佛大學的紅色校徽，一股親切的暖流湧上心頭，他隨即對兒子說：「如果那艘划艇獲勝，就帶你去坐一次柯蒂斯水上飛機。」那天果然是哈佛贏了比賽，霍華・休斯乘著飛機向下俯瞰，一面是縱橫交錯的繁華都市，一面是一望無際的大西洋，美麗景致盡收眼底。當時休斯可能沒有想到，他本人也將在二十餘年後親自駕駛水上飛機——史上最大的水上飛機。

其實原本休斯是不打算建造水上飛機的，他曾認真策劃過有關戰鬥機的計畫，為美軍提供小巧靈活又快速的戰機。但最後因為軍方受賄，沒有採用休斯的 H-1 戰鬥機，而採用了擁有諸多毛病的洛克希德飛機製造公司 XP38。

美國不要休斯的技術，日本搶著要，三菱重工軍事技術方面的間諜無孔不入、神通廣大，他們拿走了 H-1 飛機的設計圖，並試圖抄襲它的外形和配置，最終設計出新型的零式戰鬥機，以輕巧靈敏的機身特性，在二戰初期壓著美軍打。

既然拿不到戰鬥機的招標，那做其他的總可以吧？珍珠港事件以後，休斯也投身於轟轟烈烈的衛國運動之中。美國政府顧及太平洋戰場的制空權尚未奪回，怕佔領區的機場可能被轟炸，所以給休斯一筆經費，要他用來造一千架水上飛機，也不知道他是獵奇心大開還是怎樣，休斯拿到錢後，就開始耍大牌了，不願意中規中矩地做普通的水上飛機，整天嚷嚷著要造一架世界上最大的「大力神」飛機，最後政府受不了他，只好草率答應。

休斯說的「大力神」水上飛機可謂機如其名，比同時代的任何飛機大六倍，將近五層樓高、一個足球場寬的 H-4 飛機翼展開比「空中巨無霸」A380 都還大。由於正值戰爭時期，鋁材不足，休斯航空的鋁鐵配給量供不應求，美國政府本想以此勸退休斯，沒想到這傢伙硬是用木頭把 H-4 給造了出來，一共可以裝載七百名士兵。

在整個戰爭期間，它只飛行過一次，而且還不是為了作戰，而是美軍想要驗證這個龐然大物會不會在空中解體。其實對此休斯也不大確定，因為他實在太重了，起飛重量就有一百八十一噸，加上骨架皆由木頭製作，誰都沒辦法確保它的安全性。

但是為了證明自家出產的飛機都是一流的，休斯還是依照慣例，在首航時親自駕駛飛機，當這個龐然大物飛起來的那一刻，海上掀起了滔天暴雨般的波瀾，岸上的人們全被那嘶吼般的引擎嚇得捂住了耳朵，大力神破水滑行並升空二十四米，飛行了將近兩公里後降落，「哈哈！終於等到這天了！政府可以接納我了吧？」休斯激動的說道。

然而，這場實驗不但沒有化解美軍對大飛機安全性的質疑，他們反而更覺得大力神遲鈍緩慢、沒有實用性，要是搬上戰場，肯定會成為敵方的大標靶，弄不好沒幾天就掛了，還會導致士氣減弱。

所以呢，大力神就沉默地待在休斯公司「備役」，直到美國向日本丟出兩顆大驚喜為止。

戰爭結束後，美國政府在清算各家航空公司的貢獻時，發現休斯航空對二戰完全起到了負面影響，七百萬美金的軍事經費等同打水漂了。許多議員召開聽證會來指責「大力神」是浪費納稅人的錢，其他同行為了競爭航空市場，跟著大放厥詞指責休斯。最後，兩百噸的大力神只飛行過一次，就被放到了博物館裡，不見天日。

從航空到宇航

二戰過後，休斯似乎玩膩了飛機，開始涉獵成本更多、難度更高、感覺更刺激的事情，那就是挑戰太空。

挑戰太空可不是大呼一聲「JOJO！我不當地球人啦！」就可以做到的事情，它的難度是眾所皆知的高，稍微出一點差錯都不行，像是大家都知道的阿波羅計畫，總共有四十萬人參與，斥資高達兩百五十億美元，進行了數百次模擬實驗，但真正執行時仍有太空人傷亡，可見其危險程度。

但正如甘迺迪所說：「我們選擇在這個年代登月，不是因為它簡單，而是因為它困難。」征服太空，已經是人類勢在必行的事。休斯也認為太空是值得全人類盡最大的努力去征服的目標，一但成功，其商業價值將會遠超乎一切重大成本，成為最厲害的賺錢工具。

太空船難度太高，休斯飛機公司先從衛星開始下手，開發出八十五磅重的商業通信衛星，這種衛星具有六千條線路的往返電話功能，以及十二種彩色電視的機能，是當時功能最強大的衛星。美國政府知道休斯的能耐之後，遂與他重修舊好，簽下自大力神飛機事件以後，對政府的第一份合作條約。

有了政府的贊助，休斯非常爽，就像逛百貨公司時，帶著男朋友的信用卡一樣，完全不用顧及其他事情，只管把商品買下。正是在自由氣息蓬勃的狀態下，休斯公司終於實踐了構思已久的藍圖，先後發明出了第一個實用雷射機、第一顆同步衛星、第一台登月探測器。二〇〇〇年的時候，全球百分之四十的在役衛星都是休斯的公司生產的。就連現今美國國家航空暨太空總署NASA，都還與休斯的公司有一定程度上的合作。

古怪的晚年

我雖然不是天才，也沒有遇過天才，但我可以肯定，天才的大腦都有一點異於常人之處，比如卡文迪什的亞斯伯格，門德烈夫的輕度狂躁，而霍華・休斯呢？他的病症比較特別，雖然並不罕見，但世界名人除了他以外，幾乎找不出第二個，這就是強迫症（OCD）。

隨著逐漸衰老，他的症狀也日益走火入魔，前半生的霍華・休斯，頑固地追尋速度與激情，外面的世界是他絢麗的夢想，如果可以，他願意一輩子在外頭遊蕩；後半生的霍華・休斯，卻因精神強迫症而受盡折磨，總想把自己給隱藏起來。他只讓九個私人醫生知道他的隱居地點，但這不意味著他信任醫生，休斯始終把醫生的話當空氣，僱傭他們是為了鑽法律漏洞服用嗎啡罷了。

休斯的心理狀態越來越差，引發出各種奇怪的癖好，最知名的例子就是吃豆子，他用餐時要每個豆子排列整齊才肯吃，如果有一粒比較大，他就會大發脾氣，叫廚師重做一份。

除此之外，他還有很多很多不可思議的舉動，比如整天宅在家裡看電影、強迫自己用衛生紙擦去所有污漬、把空衛生紙盒做成鞋子、尿在玻璃牛奶罐後把它擺整齊……，他隱居在一個誰都不知道的地方，以為這樣細菌就找不到自己。

關於他的晚年，有幾點特別引人注意：

1 昂貴的治療失眠辦法：休斯晚年經常失眠，為此他買下了地方電視台的經營權，這樣在凌晨的時候他就能看想看的節目。

2 殘酷的審判：一位窮作家突發奇想，想要偽造一份霍華・休斯的自傳來博取眼珠，沒想到被休斯發現了，他直接把作家告到脫褲，另外還讓他關了一年兩個月。

3 病入膏肓的強迫症患者：休斯覺得別人手都髒的，自己的手最乾淨，堅持不和別人握手，如果一定要的話，他會露出極為難看的神色，全身僵直且緊閉眼睛，方一放手，便馬上衝到廁所洗手。

4 拉斯維加斯之王：十九世紀六〇年代時期，休斯搬到了拉斯維加斯居住，當地的黑手黨氣焰囂張，他們佔據了大片土地，專門幹些不正經的勾當，走私毒品、非法槍枝，你能想到的事情，他們都幹了，休斯看不慣黑幫橫行，於是就把當地黑手黨管轄的飯店、賭場、酒館全部以重金買走，讓那群傢伙拿著錢趕緊滾蛋。

5 任性的食客：休斯有一次想吃香蕉堅果口味的冰淇淋，便吩咐他的助理去買。拿回來時，休斯淺嚐了一口，旋即將它打翻：「噁！我要的是 xx 牌的雪糕！」助手嚇得急跳腳，趕緊跑到超商購買，不料當時 xx 牌已經停產這種口味的雪糕，助理只好按照了冰淇淋工廠最小的訂單要求，專門定購了三百五十加侖。等到那一桶桶的冰淇淋送到時，休斯連看都沒看，揮了揮手，說他又不想吃香蕉堅果口味了。夠令人火大吧？

休斯之死

一九七六年四月五日，正當全美都在準備慶祝建國兩百週年時，這位傳奇的億萬富翁坐在自己的飛機，在從墨西哥返回家鄉休斯頓的途中離開了人世。由於生前深受毒癮、強迫症和妄想症折磨，休斯死前體重僅有四十二公斤，手臂裡還扎著四根針頭，其中一根還斷在他的胳膊上。由於沒有遺囑，跟休斯有點關係的都想上去分一杯羹，龐大的休斯集團，在逝世後的短短幾個月間就走向盡頭。

他的瘋狂成就了他，他的瘋狂也摧毀了他，這些代價值不值得呢？也許只有休斯一個人知道了。人生的成功總是需要孤注一擲的勇氣，堅持到底的人才能享受成功的光榮。休斯的一生都在朝著目標理想前行，絕不拐彎，其中或許含有冒險的成分，但這不但沒有減去他的歷史評價，反而使他的人生充滿著傳奇色彩，他對這個世界的貢獻依然在產生著重大的影響，因此那些風流往史也顯得不那麼重要了，

也許，休斯一路上的奮鬥，就是為了達成兒時的一個夢想，人們永遠會記得霍華·休斯在十歲的時候許下的那些願望：「等我長大了，我要拍世界上最宏大的電影，世界上最快的飛機，成為世界上最有錢的人。」

宇宙航太的思想先驅

赫爾曼・奧伯特與他的太陽大炮

姓名：赫爾曼．奧伯特

性格：天馬行空但勇於實踐。

經歷：納粹V2導彈的首席顧問！第一代宇航學先驅！

貢獻：建設宇航學思想。

重要性：★★★☆☆

知名度：★★☆☆☆

隱藏技能：【抗壓性加成】在一片嘲笑聲中持續奮鬥，把理論轉化成現實。

【可敬的對手】迴避值+80%，順利躲過紐倫堡大審判。

隨著近代學者們對於二次世界大戰的重新省視，最近網路上誕生出了一些很可愛的看法，比如整個二次世界大戰裡，總共出了三個外掛玩家，一個是開無限生命的蘇聯，一個是開無限金幣的美國，一個是開無限科技的德國。

這本書既然名為發明史，當然就該講講二十世紀最強大的科技帝國——德國啦！早在第一次世界大戰時，德國就已經出現了很多不可思議的神奇發明，比如轟炸英國的齊柏林飛船、射程超遠的巴黎大砲等，到了二次世界戰大戰時，他們更是更上一層樓，別說什麼虎式坦克、古斯塔夫鐵道炮，他們甚至曾想過發明時間機器「納粹鐘」，回到過去將敵人扼殺於胎腹中。

納粹最有意思、也最成功的發明，當屬於 V2 火箭了，它是第一種超聲速火箭，為現代航天運載火箭的先驅，然而他們的火箭不是為了什麼征服月球、登陸火星的崇高夢想而誕生的，而是為了殺人、製造英國居民的惶恐！但好在當時納粹政府快垮了，沒有製造什麼太大的傷亡，自己就先走一步了。

戰後，納粹政府的各種發明等同為他人作嫁衣裳，送給西方政府了，美國獲得 V2 導彈技術後，航太科技點瞬間點滿，阿姆斯壯能講出「我的一小步，卻是全人類的一大步」的豪言壯語，還得感謝納粹科學家的貢獻。

此時我們就好奇了，到底是哪一位腦洞大開的科學家，竟能在科技技術尚未成熟的上世紀四十年代，研製這種發明？

誰說小說沒營養？

最近網路上的小說越來越多，以奇幻的想像力和富有創意的敘事，吸引許多讀者的目光。我的朋友也越來越多人沉迷小說，有的甚至還會在廁所裡待個十多分鐘，只為偷偷把最新小說的章節讀完。

我之前也是一個非常熱愛科幻小說的人，經常沒事就看小說，每到週末總是泡在書房，直到眼皮垂到地上了才睡覺。直到近幾年開始變忙，也就「戒」掉了，也許是因為當初愛之深，卻痛之切，我對小說便產生了一些成見，認為他們殘害青年、自我陶醉，根本就是迷幻藥。

直到近幾個禮拜讀完奧伯特的生平，我才恍然大悟，以前的那些偏執，都是個屁！小說不是迷幻藥！根本是居家旅行、啟發人心的必備良藥啊！

我們這篇章節的主人公赫爾曼・奧伯特，正是受到小說啟發而提出航太理念的。

奧伯特出生於十九世紀末的奧匈帝國，與現今許多青少年相像，他小時候就是個戀家狂，根本不喜歡出去，總宅在家裡閱讀一些小說，幻想著成為書本裡面的小英雄，但人家與普通人的差異在於，我們只是沉迷，至少還會良心不安，而他是已經走火入魔了！天天看，時時看，吃飯的時候看，上廁所的時候看，睡醒後第一件事也是以最迅速的狀態，操起床頭的書本看，可謂是執迷至極。

十一歲那年，他迷上了科幻小說大師儒勒・凡爾納的作品，書籍內容大約是在講述南北戰爭過後，有一位法國冒險家希望建立地球與月球之間的聯系，因此建造了一枚空心炮彈，準備乘這枚炮彈到月球去探險。由於主題科幻先進，文筆幽默風趣，這本書在當時造成了不小轟動，人們開始對浩瀚的外太空產生好奇、嚮往，奧伯特也是其中一人，他從此喜歡上了航天研究。

當時航天科學並不成熟，有很多理論都還只是空想，如果一頭鑽進這裡面，那相對意味著較高的風險，十九歲的奧伯特最終忍痛割愛，選擇比較務實的醫學作為他的大學主修，不過在閒暇之餘，他仍會一頭栽進航太研究。

大學時間才過了一半，第一次世界大戰就爆發了，他的學業中斷，被迫開始服兵役，他並沒有加入航空兵，而是做為一名普通陸軍士兵調往他地，奧伯特很是幸運，被發配到國內的一個後方醫護中心，因此沒有受到多少戰火的荼毒，他本人在這四年的大屠戮中毫髮無傷，幾乎沒有開過槍。

後方部隊的生活很無聊，不過在戰爭期間，每當奧伯特看到德國戰機自由翱翔於萬里晴空之外時，內心總是激動萬分。

直到一戰結束以後，奧伯特才重新開始學業，所謂「三日不讀書，面目可憎」，奧伯特荒廢學業已有四年，除了感慨世態無常外，他開始勤奮向上，試圖把之前耽誤的都給補回來。從圖書館中苦心找到的幾本航太書籍中，就包括俄國宇航先驅齊奧爾科夫斯基的書，奧伯特特別認同他在《航空評論》裡的一番言論：「地球是人類的搖籃，但人類不可能永遠躺在這個搖籃裡面。它首先會小心翼翼地探索大氣層的邊緣，然後會把人類的控制和干預能力伸展到整個太陽系。」

嘲笑與白眼

很快，在一九二二年，奧伯特便向海德堡大學提交了一份學術論文，以期能找尋伯樂，順利申請博士學位。這本論文就是後來宇宙航行學經典著作《飛往星際空間的火箭》，是第一本提出以數據證明進行宇宙航太不是不可能的書籍。

書籍公開以後，奧伯特沒有得到掌聲，而是一群人的嘲笑，各方學者皆受不了前衛的觀點，海德堡大學的教授也不以為然，將他的論文斥為天馬行空、不切實際，甚至不承認他的研究成果。初戰失利的奧伯特消沉了一段時間，淪落到酒吧與聲色場所中，他批評了當時的德國教育系統「像一部擁有大功率尾燈的汽車，它能照亮過去，但卻不能啟迪未來。」他拒絕更正論文，堅持自己的理論能夠實踐：「我拒絕去重新完成另一篇論文，我想證明即使沒有博士頭銜，也能成為一名卓越的科學家。」

一年後，奧伯特重新振作，將論文經過多次增減，終於公開出版了，《飛往星際空間的火箭》宣稱以目前人類的知識水平，可以實現飛出大氣層的夢想，並提出空間火箭點火的理論公式，用數學闡明火箭如何獲得脫離地球引力的速度。且設想了宇宙飛船的設計，論述宇宙飛船飛往月球、金星和火星時的狀態和問題。

奧伯特以為，如果出版本書，總會尋覓到幾位知音同好，然而正如同一年前的結果，普遍大眾仍不將他視作科學家，反倒覺得奧伯特誇誇其談：「瞧！這根本是科幻書！哪能納入科學類？」「哈哈！真是笑死我了！這種書也能出版？」

奧伯特受到許多批評與不重視，他的觀點太前衛，把目光放得太遠了，在一九二〇年代，人類經歷了多次失敗，才成功以飛機的形式橫渡大西洋，別說要飛入太空了，連繞地球一圈都沒辦法。出版後的整整兩年間，奧伯特都沒有得到任何人的支持，直到十三歲的馮·布朗讀了這本書，被裡頭的內容給深深吸引了，自願成為奧伯特的助手和學生。至此，歷史上最偉大的兩名航太學家碰面了。

那名小夥子，後來成為了 V2 導彈的主要策畫人。

奧伯特總算獲得了別人的認可，即使他只是一名乳臭味乾的毛頭小孩，但對於長期孤立在邊緣的奧伯特來說，這已經夠讓人欣慰了，奧伯特回憶此期間對科學的渴求時，作了一個形象的比擬：「駱駝能夠在牠們渴了的時候發現新的水源。也許某種可以類比的東西在我身上發生了……。」

這個類比，用作奧伯特一生的比擬也是恰當的。奧伯特有著像駱駝一樣的務實精神，即使四周荒涼險惡，遠方一片迷茫，他仍不畏苦難，踏著蹄子踽踽獨行。奧伯特提倡航太科學將近十年，進展卻不多，他也曾想過要放棄，好在理智與夢想提醒了他「永遠不要聽從愚昧大眾的意見」。為了給自己打氣，他和布朗互相訂下了一套規則，那就是只要火箭研究成果沒有被世人認可，他就不能申請博士學位，這樣一來，他就有動力繼續推展航太思想了。「沒有博士頭銜沒關係，事實將證明我能成為比否定我的人更偉大的科學家！」

確實，奧伯特後來真成了一匹發現新大陸的駱駝，被譽為現代宇航學奠基人之一。

歐洲航天先驅

一九二四年，奧伯特帶著布朗回到他的家鄉特蘭西瓦亞，在一所中學裡教數學和物理，他當教師，布朗當教師助理，兩人愉快的度過了一段平靜的教職生活。恰巧此時有一部名為《月宮女郎》的電影在本地拍攝，劇情中需要一架火箭道具，為此導演找到奧伯特，希望他能幫助劇組製作一個，雖然這個計畫最終沒有完成，卻激發起了一批天才人物的想像力。

二〇年代進入中期後，世人對於太空航太不再抱持嘲笑，關於月球和太空的種種幻想已經在各國社會普遍開花，許多國家都成立了星際航行協會這樣的愛好者組織，一九二七年六月，德國一批業餘火箭研究者成立「宇宙航行協會」，奧伯特聞訊後馬上把教科書給扔了，來到德國響應加入。宇宙航行協會的人一看到他就傻眼了，在他們眼中，奧伯特是如傳說般的重量級人物，他的每一篇著作，協會成員們都視如珍寶，沒想到他本人竟然來了！

協會也顧不上什麼投票，紛紛湧上奧伯特的身邊，共同推舉他為該協會會長。當年被大家嘲笑的邊緣人，總算有了一個自己的小圈圈。

奧伯特在此期間繼續研究宇航，對火箭理論進行了修改和補記。一九二九年又發表了第二部經典著作《通向航天之路》，從古至今，從未有一位宇航專家能將著作寫得如此具有視界，內容不僅觸及航太，更談論至動力學、彈道學、通信學、離子推進器等，對後來的航太發展有舉足輕重的權威性。

除了對火箭進行理論研究，奧伯特還親自與同事一起研製火箭。一九三〇年七月二十三日發射成功的一枚液體推進劑火箭，飛行高度達兩萬米，一舉衝到平流層。

面對一條眾人未曾嘗試的道路，反對的人肯定是在的，但假使你能把事情做出來，他們自然就會閉嘴。由於奧伯特和其他人在火箭研究和實踐中的成就，引起了科學家對火箭問題的注目，他本人被邀請進維也納工程學院進行火箭研究，後來又到德雷斯頓大學研製火箭燃料泵。在此期間奧伯特又發表了眾多航太論文，這次民眾的噓聲幾乎不見了，取而代之的是諸多人士的看好與贊助，奧伯特知道，離夢想的實現又更進一步了。

V2 導彈的發明

就這樣，奧伯特終於喚醒了眾人對航太的重視，他的高徒布朗覺得事情既然已經成功推動，自己的任務也達成了，遂向恩師奧伯特道別，決心修完大學、乃至博士學位。

一九三九年，也就是波蘭戰役前不久，多年沒見的布朗突然盛裝打扮，拜訪奧伯特，兩人一見面，就樂得不得了，話題根本停不下來。布朗高采烈的說自己這幾年混得不錯，現在已經是納粹黨的高官，負責替政府研製火箭事業，如今他要衣錦還鄉報答師恩，誠摯地代表德國政府邀請他加入研究。布朗傾過身去，湊到奧伯特的耳邊悄悄地說：「軍方現在正暗中研發先進的軍事科技，德國陸軍已經開始構想以燃料火箭作為長程攻擊武器。」

奧伯特本人對政治並不敏感，他唯一的夢想，就是讓火箭事業發展壯大，因此熱情答應了邀約。從此以後，奧伯特加入了以馮．布朗為首的火箭研究小組，他本人也參與了 V2 飛彈的研製，但主要的貢獻還是理論方面，而非執行方面，縱使他在整個團隊裡的話語權最重、最受人敬重，由於不懂複雜的設計與執行步驟，所以團隊最主要還是由布朗領導。

布朗雖然是後起之秀，但是功力一點也不輸奧伯特，他的光芒甚至掩蓋了奧伯特，成為近代史以來最閃亮的航天先驅，布朗的團隊研製出世界上第一個太空飛行器 V2 火箭，所以他本人也理所當然的接下了「火箭之父」的名號。我們現在都知道馮．布朗的事蹟，卻忽略了是奧伯特在幕後推動航太學地位的發展，德國的早期火箭研製完全是按照奧伯特的理論在進行，從德國早期的 A4 火箭到二戰時聞名遐邇的的 V2 火箭都是按照奧伯特的火箭理論在進行發展。

奧伯特不在乎頭銜這種問題，這種東西對他來講就跟浮雲一樣，是靠不住的。但奮鬥多年，名聲卻只能屈居徒弟之下，確實不是一件令人稱意的事情。我們只能感嘆奧伯特，培養出一個超越自己的門生。

一九四二年十月，德國士兵在東歐戰場和北非戰場首次受挫之後，希特勒把發展「特種武器」當作優先的大事。當時德國製造的飛彈射程為三百七十公里，攜帶八百五十公斤炸藥，具有很大的殺傷力，納粹的宣傳部長戈培爾親自將此種新式兵器命名為「V1 火箭」。V 指的是德文的 Vergeltungswaffe（復仇武器）一詞的縮寫，他意味著德國要用這種新兵器為第一次世界大戰的失敗雪恥，並向戰勝國復仇。但對希特勒來說，這並非是奪取最後勝利的理想武器，它的速度太慢了，跟一台戰鬥機的速度沒什麼兩樣，英國防空炮可以輕易在空中擊毀它。「這只是一個微不足道的開端，我要它體積更大、速度更快、威力更大。」希特勒如是說。

於是，為了迎合元首的旨意，研製小組又開始研製新的 V2 飛彈，並於一九四二年年底進行了試驗。這種飛彈長十四米，射程為三百公里，攜帶九百五十公斤炸藥，飛行高度九十六公里，飛行速度每小時五千八百公里，發射後一分鐘便燃燒掉四噸乙烷和五噸液態氧。它是最早用電磁製導系統控制的武器，不易被偵探，可達到突然襲擊的效果。

V2 飛彈造價比較高，大約十二萬馬克，換句話說，德國發射的三千多枚 V2 飛彈僅僅製造費用就花費了四億五千萬馬克，這個代價很高。在價格方面的比較下，一輛四號坦克為十萬馬克，豹式坦克是十一萬七千馬克，如果論 CP 值的話，一輛豹式坦克可以擊毀五輛蘇聯的 T-34 坦克，而最初一代的 V2 導彈不是跌落大海裡，就是自己飛著飛著炸了，鮮少飛彈能跨越海洋，更何況是擊中倫敦的建築物了。

不過，研究小組很快地掌握了投射的秘訣，一九四四年中期，V2 導彈的各種缺點逐漸完善，他們發動了第二次大規模發射行動，成功在倫敦市區引發多場爆炸，起到了嚇唬不列顛人民的良好效果。在短短幾週內，倫敦的每個街區都受到零星的飛彈襲擊，你們想想，你帶著老婆，出了城，吃著火鍋還唱著歌，突然就被天外飛來的 V2 砸死了！而且還是毫無預警的那種！就問你怕不怕，敢不敢上路？

英國的海岸線廣大，可以攻擊的地方有很多，飛彈也因此分散了，但這絲毫不影響 V2 帶來的成效。以克羅伊登區為例，一天之內，雖然只有八顆飛彈落入該區，但每一次都是驚天動地，連幾公里外的小鎮都聽的到，周圍居民心理承受極大壓力，幾乎處在崩潰邊緣，誰也不曉得下一次擊中的會不會是自己。

英國首相丘吉爾在《第二次世界大戰回憶錄》中曾這樣寫道：「在進攻發起日後一星期，德軍認真地開始了他們的報復戰役。在二十四小時內，有兩百個以上的飛彈飛來襲擊我們。接着在其後五個星期之內，又飛來了三千多個，甚至超過了一九四〇年和一九四一年的空襲。」丘吉爾在這裡提到的飛彈即是V2，作為人類第一個可以飛到太空高度的人造物體，納粹於飛彈的研究和製造十分隱秘，任務完成後都會迅速銷毀資料，盟軍的情報部門和軍事科學家對此都感到「迷惑不解」。

V2飛彈總共在英國炸死兩千七百四十二人，重傷六千四百七十六人。儘管這些飛彈給盟國造成極大的破壞和心理恐懼，戰爭的天秤已經不可逆地倒向同盟國，第三帝國的覆滅只是時間問題。一九四五年三月，德國境內的所有重點工業區都被炸成平地，飛彈的生產不得不停止，工廠的設備也部分運走，希特勒本來想撥給奧伯特的工廠另一批經費，讓他們研發更精準的飛彈，（希特勒在戰爭後期舉止真的怪怪的，老家都燒起來了，你不去救火，只想拿石頭砸鄰居的窗戶！）然而沒等到那天，第三帝國就滅亡了。

戰爭結束後，東線和西線呈現出截然不同的場景，西線的德國已經井然有序的開始戰後重建工作，在美國援助的影響下，小孩子已經吃得上巧克力了，而東線的德國仍舊混亂一片，蘇聯軍隊大肆搜刮民眾財產，嚴重影響社會秩序。

正當蘇聯人興高采烈地吹著口哨唱著歌，自以為是地在德國境內燒殺擄掠、姦淫婦女時，美國已經看見了美蘇未來的國際關係，他們知道，未來的戰爭，他倆必然一山不容二虎，火箭技術的優劣將會成為兩方決勝的關鍵，為了搶先獲得德國的火箭技術，美國人耍了個心眼，沒遵循雅爾達密約規定將位於德國東北部的 V2 工廠及主產區交付蘇聯接手，而是在德國投降後立即組建秘密突擊隊，闖入蘇軍佔領區，將 V2 導彈的半成品及設備全部搶空，又把製作火箭的一百二十六位研究團隊成員全部挖走，直到戰爭結束後幾個星期，蘇聯這才回神過來，開始策劃 V2 火箭技術與科學家的行動，但此時有用的東西早就被美國搶走了，當蘇聯的運輸卡車抵達佩內明德時，他們所剩的，只有一間間空蕩蕩的工廠。

怨誰呢？蘇聯太輕忽美國老兄的心機了。

毀天滅地的太陽炮

鮮少人知道的是，奧伯特除了在二戰期間有研究飛彈外，也曾構想出一項恐怖計劃：太陽炮。

太陽炮並不是嚴格意義上的砲，而是一種鏡子，但是它比任何炮都更瘋狂，因為它是依靠太陽發射，利用太陽能製造大規模殺傷。這種想法起源於一九二九年的某一天，奧伯特在日常研究的過程時無聊難耐，所以玩起了用透鏡燒紙的遊戲（您可真閒呀），忽然腦袋閃過了一個驚天的想法：如果把一個超大的凹面鏡發射到太空上，讓他可以在夜間將太陽光反射到地球上。這樣一來，地球將永遠是白天，以後我們再也不用買電燈了！一鍵安裝，一勞永逸！

這種發明看起來對人類有絕對性的幫助，除了省電愛地球外，還能讓普通農作物整日享受到太陽光照，生長速度大大提高，迅速提升田地的食物產量。他隨即和納粹報告了這一想法，很奇怪，這麼造福人類的一件事情，落在納粹手上，就變得很恐怖。他們才不管什麼農作物，意圖製造一種可以遙控調整度數的面鏡，平時將它平放，形成無傷大雅的平面鏡，只要到的戰爭時期，便調成凹面鏡，將陽光的威力匯聚成前所未有的量級，往敵國區域掃去！任何防禦設施都無法抵擋的超高溫度，一切都將焚燒成灰！

聽起來很科幻吧？不論當時還是現在，這種運用大自然的現代科技手段無疑是超前的，一旦得以實現，絕對是驚魂動魄的人間殺器。不過，第二次世界大戰的火箭科技仍處於萌芽階段，連上太空都沒辦法了，何況要送這麼龐大的機具上去。

這個想法受最終限於科技不足，只好放棄，倒是為以後影視創作留下無數素材，相信大家也曾看過一兩部有關於太空衛星毀滅地球之類的劇情，這也算是納粹德國對娛樂業的一大貢獻吧！

前赴美國

由於納粹在戰爭結束前都把資料銷毀了，美國無從取得德國先進的科技內容，為了讓這些德國科學家能開金口指導，他們沒有給科學家治罪，反倒極力討好他們，邀請各類專家來美國做航太研究，還承諾予以生活資助，意圖納為己用。奧伯特雖然也是V2的重要推動者之一，但他只是提出宇航理論，並沒有實質意義上的參與軍事計畫，因此沒有被挖角去美國（像是布朗就飛去美國尋夢，整天吃香喝辣的，日子充實且得意）。

不過當時德國已是滿目瘡痍，沒有發展火箭的空間了，奧伯特的夢想顯然只能在美國才能變成現實。一九五一年，他離開支離破碎的德國，找尋布朗合作，短暫參與了美國空間規劃，並寫了兩部著作，一本是對十年內火箭發展的展望，另一本主要是談到了人類登月往返的可能性。另外他還結合之前學到的醫學知識，首次開創了「航空航天醫學」，用來保護宇航員的身心健康。

奈何時不我予，他那以想像、築夢、實踐的核心思想已經成了過去，人們對於太空研究的選拔方式，不再是對前往太空有多麼大的理想與懷抱，所剩的只是學歷和一堆數據。奧伯特在美國太空科技特別委員會面前顯得格格不入，他的名字逐漸為世人遺忘，變得不重要了。

一九六〇年，奧伯特退休後又回到德國，過著平靜的生活。人們對二戰的反思日濃，使他昔日的光輝即便在祖國也沒有人願意提起，雖然曾被選為聯邦德國空間研究學會的名譽會長，但這僅不過是無實質權力的位置，更何況他已經衰老，沒辦法像之前一樣做那些縝密的研究了。剩餘的歲月，他不再奔波於宇航建設，而是一頭栽進哲學書籍裡，生活中有大部分時間用來思考哲學問題，直到於一九八九年十二月悄然去世，享耆壽九十五歲。

作者感想

撰寫這個章節的時候，有很多友人都在問我，既然要提火箭，為什麼要寫冷門的奧伯特，而非他名聞遐邇的學生馮．布朗呢？其實原因很簡單，我認為航太界的思想重要性遠大於實踐。在現實中，你可能會有一些奇思妙想，但是卻懶得行動，此時實踐的重要性大於思想啟發；但是這種開創性意義的發明就不同了，思考的重要性大於實踐，論點必須擁有根據，既要符合實際，又必須超越現況；不能臨時發揮，更不能不切實際。開創的艱辛，是肯定不比行動少的，能在眾人一片不看好、甚至是嘲笑的情況下，提出《飛往星際空間的火箭》的先進觀點，這種勇氣，確實足以受到後人傳頌。

從思想理論的基礎上循循善誘，將空想轉化為現實，身為德國第一代太空探索領域的先驅者，奧伯特在整個人類史上佔有著至關重要的影響。締造了火箭科技的奇蹟，推動了社會的變革，在歷史發展中扮演著決定性的角色。

嗚嗚嗚～別再拿我的發明亂來啦

卡拉什尼科夫與槍王之王 AK-47

姓名：米哈伊爾．卡拉什尼科夫
性格：堅毅不拔。
經歷：小時候窮到被鬼抓走，長大後有錢到被撒旦抓走。
貢獻：發明了 AK-47！
重要性：★★☆☆☆
知名度：★★★★★
隱藏技能：【鏡像秘術】偽造一份良民證，成功騙過警察。
【俄羅斯人的靈魂】曾轉行去當伏特加製造商。

在閱讀此篇文章以前，大家可能或多或少有聽過卡拉什尼科夫的名字，他在近代歷史的地位實在是太重要了，稍微熟悉軍武的人一下子就能認出來，他就是蘇聯著名的槍械設計師，「AK-47突擊步槍」的發明人，被稱為二十世紀最偉大的武器發明人，他所發明的槍，總共進入了五十五個國家的兵器庫，全球產量超過一億支，是世界上最為人熟知，和最普遍使用的武器。

AK-47就像是從時代逆流而上的勇者，打破一切戰爭的慣例，如此的獨樹一格，如此的標新立異，無論是在黃沙滾滾的伊拉克戰場，還是密不透風的北韓，只要有局勢不穩的地區，就會有AK-47的出現。

追根究柢，**AK-47**的興盛，並不是因為它使用什麼高規格的科技技術，僅靠操作簡便、可靠耐用，令它在近代以來的戰爭中歷久不衰。

早年生活

不知大家有沒有注意過，幾乎所有軍火販子都是出生於世家大族，如美國的約翰．白朗寧，英國的馬克沁爵士，德國的施麥瑟博士等，之所以會這樣，或許與某些西方的淺規則有關係，基於關係複雜，我們就不先討論了。這篇文章要講的人——卡拉什尼科夫卻打破了這個慣例！他與其他槍械大師不一樣，出生在貧寒家族，從小不知道枕頭的滋味，可謂是落魄至極。

之所以這樣，可不是卡拉什尼科夫的家庭不爭氣，他們當時正值蘇聯政府全盤集體化運動，老家被判定為富農，被剝奪財產並流放西伯利亞。在現代史學界的普遍看法看來，鬥爭運動是簡單粗暴、不講理的，斷定貧富往往是以家庭財產劃分，而不是人均財產，這非常不合理。

這樣說大家可能不大了解，我們用個形象點的比喻，以國小數學題的方式來說：志民一家五個人，有十塊餅乾可以吃，春嬌一家十口人，有十三塊餅乾可以吃，請問誰比較富有？顯然，志民一家人均能分到更多餅乾，吃得比較飽。但是蘇聯的法規不是以比例劃分，而是以界線劃分，一個家庭如果有超過十塊餅乾，那就違反法律，即使他們的分配比例更少，過得更為拮据，反而會被劃分為富農。

許多農民，往往是因為家裡人多，財產也相對多一點，就被劃分為富農。卡拉什尼科夫家裡一共十人，由於置養牛群超過規定，他們全被劃分為富農，財產被沒收，並遭到了蘇聯政府的流放，蘇聯黨代表前來剝奪私有財產時，他們甚至用斧頭砍死了一頭懷孕的母牛，並笑嘻嘻的說：「這下我們可幫那些地主老財省了接生的麻煩。」折磨和流放擊潰了卡拉什尼科夫的家庭，父親也在不久後抑鬱而逝。基於上述影響，卡拉什尼科夫只有讀過九年書，相當於國中水平而已。

然而瑕不掩瑜，套句戰國平原君的話來講，一個賢士的處世，就像銳利的錐子放在袋子中，肯定會畢露出來。卡拉什尼科夫從小就很喜歡搞些別出心裁的小發明，整天泡在學校技術小組裡，做一些稀奇古怪的小研究，別看他只是一個毛都沒長齊的小屁孩，卡拉什尼科夫還曾嘗試製造一台永動機呢！這是當時流行的一種都市傳說，意指不需輸入能源就可以不斷運作的機械，以科學常識來講是行不通的，卡拉什尼科夫卻信以為真，耗費大量精神、資金在這上面，雖然最後落得一場空，但他從那時起就喜歡上機械製造和發明。

在流放過程中，卡拉什尼科夫也曾多次逃跑，但最終都因為沒有「良民證」而無法實現，於是，卡拉什尼科夫和一位朋友合夥開始做假證，做完了之後，果然暢行無阻，他覺得自己的手藝很厲害，一不作二不休，乾脆轉行製作假證賣錢。卡拉什尼科夫的假證做得特別好特別真，他稱其為「人生第一個發明」。

既沒有學歷，也沒有環境的卡拉什尼科夫，本該就這麼在西伯利亞裡奔波勞碌地度過一生了，沒想到二次世界大戰的爆發，使他藉著一連串的機遇，成為二十世紀最富盛名的世界槍王。

一次世界大戰的啟發

卡拉什尼科夫應召當兵時，一直隱瞞自己曾經逃亡的過往。在正式入伍前夕，卡拉什尼科夫給招兵辦的人展示了自己的發明——永動機，雖然他研製出的不是真的永動機，只是能將動能保持比較久的小機器，但倚靠這項小研究，卡拉什尼科夫被分配到了當時的技術兵種——坦克機械師訓練隊。

蘇德戰爭爆發後，卡拉什尼科夫擔任坦克上士車長，被上級指派防守經濟大城基輔，他駕駛的坦克上刻著一行白字：「為了祖國，為了史達林」（普遍坦克兵通常也會加上「為了蘇維埃人民」，估計是，卡拉什尼科夫的墨水不夠多了。）

在德國機械化部隊的加持下，法西斯主義一路凱歌猛進、攻城拔寨，幾乎沒有遇到像樣的阻擋，一九四一年秋季，德軍包圍基輔，在蘇軍和德軍激戰過程中，卡拉什尼科夫的坦克遭到重創，本人也被流彈擊傷肩膀，在戰車即將爆炸之際，卡拉什尼科夫順利逃出艙門，躲進了一處草堆中藏身，他壓低身姿，將濕冷的污泥塗在身上，盡量憋住呼吸，避免寒煙透露出自己的位置。

照蘇聯的二二七號命令來講，卡拉什尼科夫這種避戰舉動是該槍斃的，但是就是這個「違法舉止」間接啟發了他。卡拉什尼科夫將草堆的一處撥開，靜靜地看著兩方決戰，目睹了德軍的戰爭技術是何等的厲害，厚實的坦克、強壯的體格、狡猾的戰術，讓他們在戰鬥中所向披靡，此時，卡拉什尼科夫又注意到他們手持的武器，這是一種新型自動衝鋒槍，名叫 MP-40（一說為其他槍械），德軍士兵憑藉著這種槍械，可以在走動、甚至是奔跑的時候完成精準射擊，大大提高了戰鬥效能，「當時的情況非常糟糕，我們根本沒有還擊能力，只能咬緊牙關忍著，要知道，德軍使用的是自動槍械，而我們只有手槍」，後來，卡拉什尼科夫在躲過德軍追擊後，被撤往醫院搶救。誰也沒想到，這座醫院成了卡拉什尼科夫走向武器設計大師的轉折點。

二戰蘇聯為了彌補科技上的差距，經常採用人海戰術，這也導致了人民傷亡率很高，醫院裡幾乎塞滿了各類人物，卡拉什尼科夫雖然身為一名坦克車長，也不得不和好幾名普通士兵一起共用病房。

在此期間，他聽到了受傷戰友的抱怨：「我們為什麼不能拿出一把能與德國武器相抗衡的槍？」

另一位戰友也跟著附和：「沒錯！他們的步槍比我們的步槍發射子彈更快，威力也大，許多戰友在戰場上連開槍的機會都沒有，就被德國佬打死了。」

「如果我們手裡的槍能比他們的更強就好了。」角落的傷兵默默地說道。

卡拉什尼科夫聽後深感同意，激動地說：「對，我要設計出一種新的武器，讓戰友們能更有力地打擊敵人！」

從此之後，卡拉什尼科夫成了一名書蟲，讓護士把醫院圖書館所有關於輕武器的書籍找來閱讀，其中費德洛夫所寫的《輕武器的演進》使他大受啟發，他拿著筆記本、鉛筆和橡皮擦，繪製想像中的槍械，就這樣開始了設計之路。

有設計槍械的想法的蘇軍士兵應該不在少數，為什麼唯獨卡拉什尼科夫成功了呢？這就就不得不提到一場可愛的事件。一九四二年春，卡拉什尼科夫的傷勢雖然好了，但醫生覺得容易復發，所以就派他去後方療養院養傷半年。在轉送途中，一位火車站站長幫了很大的忙，提供了很多工具，以及一個車間給他研究。

為什麼站長會佛心大發，幫助一位素不相識的陌生人呢？

因為他也叫做卡拉什尼科夫！

發明的征途

卡拉什尼科夫在鐵路機車修理站的小工棚裡敲敲打打，搞他的科技發明，沒過幾天就完成了人生中第一把槍械（據說是衝鋒槍），沒想到還沒來得及試射，消息靈通的當地官員就得知此事，誤以為他研發槍械是要造反，差點把他拖去槍斃，好在卡拉什尼科夫嘴巴流利，不但澄清了令人尷尬的誤解，還獲得了官方認可，可以合法地研製槍械。

蘇聯政府很是慷慨，為他送來一名女助手，年輕的工業畫師凱蒂·莫伊希埃娃，別看網路上查卡拉什尼科夫的關鍵字都是白髮蒼蒼的糟老頭，他年輕的時候五官分明，甚至可以稱得上帥氣動人，凱蒂才剛來到工作室不久，就被他迷得神昏顛倒，雙雙墜入愛河了。凱蒂全心全意地將卡拉什尼科夫的託付認真地描繪成圖，使他可以更加詳細地向政府宣傳這把槍的重要性，事後卡拉什尼科夫曾感嘆：「歸根結底，**AK**是我初戀最美麗的結果。」

經過刻苦研究，卡拉什尼科夫終於發明出了著名的**AK-47**。有很多人都把它的名字以英文拼音照念，其實這是不對的。

AK是俄語第一個字母的縮寫，A在這裡發音為「阿」，代表著俄語中「自動步槍」（Автоматическая винтовка）的第一個字母；K在這裡發音為「卡」，代表著設計者卡拉什尼科夫，47則代表此槍是在一九四七年研製的，所以如果你想要念正確讀音，或是擁有一腔「斯拉夫本土味」的話，就把它稱作為「阿卡四七」吧。

一炮而紅

發明方才完成，卡拉什尼科夫便興沖沖地將它送去參加國家靶場舉行的選型競賽，它的外型很普通，沒有美感，全然只為實用主義而生，結構簡單、故障極少、造價又低廉、且威力巨大，它的各個單項指標不算是出類拔萃，沒有 DP-28 輕機槍的殺傷力，沒有 PPH-41 衝鋒槍的射速，沒有莫辛．納甘步槍的精準度，但是它卻能各抓一些，將三把槍的性能給綜合起來，成為平衡性質最好的槍械。

沒想到這位只有上士軍銜、連初中都沒有畢業的傢伙，竟然一路過關斬將，擊敗了好多位長年研究軍械的專家，所有評審都看傻了眼，卡拉什尼科夫的樣槍更是順利通過了最困難的「沙浴試驗」——讓步槍浸泡在充滿砂石、泥水的地方，再做射擊試驗，競爭對手的樣槍幾乎都在這個實驗中遭到淘汰，幾發後就不能正常運作，甚至膛炸成了一團廢鐵。只有 AK-47 沒有產生任何故障。除此之外，在之後的實驗中，AK-47 在連續射擊了一萬五千發子彈後，雖然槍管已經打到快要融化了，但是射擊精度卻沒有什麼太大的變化，卡拉什尼科夫的研究成果，終於得到了實踐的驗證。

樣槍在比較測試中顯示了極高的可靠性和有效性。史達林親自為他頒發一級史達林獎和紅星勳章，以及十五萬盧布的獎金。按照那時的標準，這可是一筆巨款，幾乎可以讓卡拉什尼科夫提早退休了，沃羅諾夫元帥也邀請他去勞軍演講，由於卡拉什尼科夫身材不高，壯碩的沃羅諾夫元帥竟然將他舉到空中！卡拉什尼科夫的臉都紅了，腦補一下這畫面，真是基情四射……。

如果要將卡拉什尼科夫的生平分為兩段時期，那分界線就是二十七歲，二十七歲以前，他的人生充滿著令人嘆息的落魄，家庭的分合、貧寒的飢餓，曾使他想過一了百了；嚴重的傷勢、屢敗的戰事折磨著他的年華歲月，然而苦難終將消逝，勤奮終將帶來回饋，糟糕的日子已經過去了，人生的下半回，才是卡拉什尼科夫真正的開始！

越戰：與M-16的傳奇對抗

AK-47剛問世的時候名氣不是很大，蘇聯軍方在生產過程中一直嚴守步槍射擊的秘密，甚至連用過的彈殼也不撿回來（這部分倒是跟國軍有點像呢……），直到六〇年代越戰期間，它身影才首次出現在西方媒體的報導中。

AK-47大量武裝了共產黨軍隊，從北越的正規軍和南越的游擊隊，沒有人不愛好這把「用不壞的槍」。美軍初期裝備的是M-14，它雖然威力無比巨大，彈道無比精準，但是射速很慢又很笨重，且由於他的生產工廠忘了顧及濕熱的叢林戰場，沒有電鍍防鏽材質，士兵才剛拿到就開始生鏽了。過了幾年，美軍才知道事情的嚴重性，把大部分的 M-14 都給召回，更換成輕巧的 M-16 突擊步槍，這是當時美軍最新先進的第二代步槍，也是世界上第一種正式列入部隊裝備的小口徑步槍。

如果說 AK-47 強調的是以可靠而迅猛的火力壓制和殺傷對方，那麼美製的 M-16 則是強調以精準的火力消滅對手，兩款設計理念不同的名槍開啟了第一次正面對決：

1 精準度：M-16 勝！

AK-47 把老式的步槍子彈截短，換裝七點六二毫米步槍子彈，而 M-16 步槍使用的是更小、更修長的五點五六毫米子彈。高精準度的 M-16 後座感很小，移動不多，而 AK-47 槍管震動嚴重，槍管的末端甚至會上下跳動，看起來就像就快要解體一樣。

2 火力：AK-47 勝！

AK-47 的火力是無庸置疑的大，射到人體內會形成巨大的穿出孔，不僅如此，還可以輕鬆射穿石塊、樹木，以破片殺傷敵方。M-16 由於子彈小而風阻低，所以初速很高，擁有極佳的穿透力。然而，彈藥傷害不是決勝的關鍵，在近現代時期，一場局部戰鬥的勝利，最主要還須依賴可以連發的武器，誰吐出的子彈多，誰就最有可能活下來，M-16 為講求精準，竟忽視了戰場上最重要的火力壓制，最初一批製造的 M-16 只有二十發短彈匣，內建保險、單發和三連發點射三種射擊功能，面對全自動火力、加裝四十發彈匣的 AK-47，只能俯首稱臣。

3　重量：M-16 勝！

M-16 的材質是非常先進的，為了極致的輕量化，甚至使用了航太的科技成果，不但擁有比其他步槍更高的韌性，還比他們更輕！AK-47 生產技術粗糙，使用木質的層壓護木，以及沖壓的鋼木結構，雖然很耐用，但是實在很重，不方便長途攜帶。

4　機械構造：AK-47 大獲全勝！

精密的 M-16 步槍在實戰中意外暴露出了致命的問題，它跟 M-14 一樣，太嬌貴了。環境極差的越南叢林是西方槍械的大殺手，在歐洲可用十年的槍枝，在越南只能用一年，加上槍膛沒有鍍鉻，發射大量槍彈以後，彈膛內會因腐蝕和燒灼形成一些大小不一的坑洞，進而導致射擊時抽殼失敗，彈殼卡在槍縫裡，要進去不是，要出來也不是，據說後勤部隊在打掃戰場時，經常發現許多陣亡的美軍士兵手中緊握著一把被拆開的 M-16，他們顯然是在遭受攻擊時武器失靈，想要排解障礙時遭到擊斃的。AK-47 結構簡單，零件少且鬆散。靠射擊時的自身震動，AK-47 能夠甩掉沙土和水，也使子彈在槍機內自動調整找到合適的位置，不致卡殼。

兩把槍雖然各有好壞，但是越南的戰略環境，卻影響了兩種步槍的名聲，適合歐洲戰場的精密M-16，終究敵不過耐操磨的AK-47。據說美軍大兵甚至會把自己的M-16丟掉，換成繳獲而來的AK-47，雖然這則傳言沒有根據性，但也可以側面反映出兩把槍在越南戰場到底孰勝孰敗。

越戰以後，AK系列的槍枝開始發展壯大，有人覺得AK-47會啞火、精度差，卡拉什尼科夫於是研製出了微調版的AKM；有人批判AK-47的木質槍托過重，所以他改良為金屬摺疊槍托的AKMS；有人認為AK-47的後座力太大，於是發射小口徑步槍彈的AK-74應運而生；有人覺得AK-47應該具有強力的火力壓制能力，於是又發明出附帶腳架與彈鼓的班用機槍RPK，在長達半個多世紀的歲月裡，卡拉什尼科夫所設計的輕武器，已經成為一個枝繁葉茂的「AK家族」。就跟美國的可口可樂、荷蘭的鬱金香一樣，也有人把AK-47視為俄國的一個文化符號，象徵斯拉夫民族膽大、耐操、兇猛豪爽的個性。

正如卡拉什尼科夫所說：「我了解它們的每一個部分，我的雙手開始變硬起繭，總是很髒。」天賦加上頑強的意志，為卡拉什尼科夫贏得了數不清的榮譽，蘇聯領導人親自頒授史達林一級勳章、三次列寧勳章，其軍銜也從上士一路提升到了榮譽中將。

抑鬱寡歡的晚年

「如果我發明的武器被用於民族解放和保家衛國中，我不會有任何擔憂。但當我看到愛好和平的人被這些武器傷害時，我感到十分悲痛和不安。我盡力使自己平靜下來，我告訴自己，六十年前我發明這一武器時，我僅僅是為了保衛國家利益。」——卡拉什尼科夫

提起恐怖分子的形象，很多人的第一反應就是AK-47，只要在電影裡，壞人都是拿AK-47，以致於有時候戰爭片太混亂，分不清楚誰是敵我時，我們都會靠槍枝來辨認敵我。小時候我和同學玩CS時，為了讓場景更擬真，我們設立了一個潛規則，那就是恐怖份子一定要拿AK-47，好人隨便，但壞人一定要拿AK，不然就不跟你玩了。潛移默化的教育我們刻板印象，使我們對AK-47的認知偏見更加不可動搖了。

然而，即使是刻板印象，也會有他的源頭所在，大家可能會想問了，為什麼

AK-47 會成為大眾眼中的「壞人槍」呢？

AK 是一種很好的武器，這一點毫無疑問，卡拉什尼克夫把他舉世公認的才華都融進了這支無與倫比的利器中，成為許多國家優先選擇的絕妙武器。但自 AK-47 問世以來，恐怖份子、游擊隊員、或是殺人不眨眼的強盜，也被他低廉的價格、可靠的耐用性給迷住了，卡拉什尼科夫不願意賣槍給那群衣冠禽獸，可惜他空有發明頭銜，販售的決定權不在他身上，面對蘇聯不可動搖的「世界政策」，他只能嘆息而已。

我們現在熟知的世界暴君，手裡幾乎都擱著一把 AK-47。譬如伊拉克獨裁者薩達姆就是 AK 槍系的死忠愛好者，為了讓自己的配槍耀眼奪目，還將 AK-47 鍍金，加上典雅的雕花裝飾，後來電腦遊戲裡面的各種炫彩奪目的充值槍就是借鑒它來的。

AK-47 對卡拉什尼科夫來說是一把雙面刃，它將自己捧上了二十世紀末的神壇，也讓他成為了助紂為虐的屠夫。全球每年有五十八萬人因為戰爭死亡，倒在 AK 系列槍口下的人就有二十五萬之多，雖然這不是卡拉什尼科夫親手殺死的，但作為間接造成動亂的「罪魁禍首」，他不得不面對這個問題。

每當他發現自己所發明的槍遭人濫用時，心裡都感到非常煎熬，隨著蘇聯解體，他的身分也開始逐漸崩解，許多人將非洲、中東的戰事批評到他身上，使他飽受輿論批評，卡拉什尼科夫後來曾經表示，若是人生能夠重來一次，他會發明幫助農民幹活的剪草機，而不是滿身腥臭的突擊步槍。

卡拉什尼科夫討厭新成立的俄羅斯聯邦，他們太不尊重前蘇聯的老官員了，第一任總統葉利欽曾聲稱要送給卡拉什尼科夫一把手槍，他原以為總統會送給他一把有紀念價值的槍，即使沒有鍍金鍍銀，好歹也要刻上一些感謝的話，但實際上，他拿到的只是一把普通的軍用手槍，還是用過的！葉利欽以為外觀很新就可以魚目混珠，沒想到老練的卡拉什尼科夫一拆開內部就知道，這把槍的撞針曾經運作過，這可把他老人家氣壞了。

有趣的是，卡拉什尼科夫一不作二不休，後來乾脆離開俄羅斯聯邦，跑到遙遠的英國生活，並花費幾乎所有積蓄在蘇格蘭開設酒廠，推出與戰爭毫無關聯的伏特加酒，酒名叫做什麼名字呢？就叫「卡拉什尼科夫」，他在接受媒體採訪的時候表示，之所以開設酒廠是要呼籲世界和平，希望各界國家首領遇到不順遂的事情，都能夠把酒言歡，別再衝動，拿我的槍亂幹事了。

結語

二〇一三年十二月二十三日，米哈伊爾·卡拉什尼科夫因病去世，享耆壽九十五歲。在他生命的最後時日光中，他放棄了俄國的高官厚祿，辭官返鄉研讀宗教學，並成為了一名虔誠的東正教徒，每週都會去當地的教堂參加活動，在雕像前為所有無辜的犧牲者禱告、默哀。他曾給俄羅斯東正教會宗主教寫信，闡述自己內心的真實感受：「我發明的槍械有十五萬多件，這些武器的唯一目的是為了保護祖國免受敵人的侵犯。然而，我的槍卻使很多人失去了生命。儘管死去的是敵人，但這是否也意味著我也是罪人？」

這是一個值得深思的問題。

「如果遭到濫用，那麼任何武器都是致命的，你必須正確對待它，確保它在軍隊裡使用，並且是在可靠的人手裡」。雖然 AK-47 讓卡拉什尼科夫擁有諸多的殊榮，但也讓他飽受心理上的折磨，如今卡拉什尼科夫已經走了，他不但給人們留下了一筆寶貴的經驗，也留給了後人頗多思考，如何讓武器裝備更好的捍衛和平、維護正義？又如何能避免戰爭的再次爆發？

或許正如同一句西方諺語所道，「戰爭和殺戮不是槍械的錯，而是在於扣動班機的人」，卡拉什尼科夫只是做了他擅長做的事情罷了，決定權最終還是掌握在人類自己的手裡。

一對相愛相殺的小兄弟

愛迪達與彪馬的不解恩仇

姓名：阿道夫．達斯勒（愛迪）
性格：小心謹慎、築夢踏實，很愛跟他哥吵架。
經歷：與彪馬相愛相殺，頗有藕斷絲連之曖昧關係。
貢獻：第一雙運動鞋，沒他我們只能穿皮鞋呢。
重要性：★★★☆☆
知名度：★★★★★
隱藏技能：【溝通能手】在不會英語的情況下成功與美國運動員歐文斯達成業配共識。
【神奇小綠帽】戴上後有機率發生很厲害的事情。

姓名：魯道夫．達斯勒
性格：很懂拉關係，縱橫於政府與各大企業間。
經歷：與愛迪達相愛相殺，頗有藕斷絲連之曖昧關係。
貢獻：以三寸不爛之舌推銷眾人，讓達勒斯公司銷售大增。
重要性：★★★☆☆
知名度：★★★★☆
隱藏技能：【惡魔的祝福】曾因黨員身分而備受納粹政府重用。
【縱橫市場】把敵我雙方都摸了個遍，故能降低他方20%傷害。

相信隨著近來街頭運動潮流的影響，大家都聽過著名球鞋品牌愛迪達、耐吉、彪馬，在超過六十年的歷史背景與成功的行銷策略之下，他們不僅在運動界聞名，更是早已滲透進每個人的日常生活之中。他們所設計的衣服實在太好看了。我很喜歡穿正式服裝，如皮鞋搭配西裝之類，因為這是代表文化涵養的象徵，但是遇到這些運動潮鞋，我即使想堅持風格，也難以按耐住怦然心動之情：「可惡……它們實在是太新潮、太帥氣了！我……我堅持不住了！」皮夾掏出，轉瞬間就買下了一雙球鞋。

許多人對這三大品牌的印象多為這樣：

耐吉：運動界的頭號品牌，著名的喬丹球鞋就是他製作的。

愛迪達：早年被彪馬打爆，屈居第二，現今被耐吉打爆，還是屈居第二。他的設計多樣而富有變化，很得青少年的歡迎。

彪馬：在百貨公司運動用品區總是站在佔地最小、最角落，大多數人都不知道他的中文翻譯叫做彪馬，喜歡直接念做「鋪馬」，用料不比前兩者差，不知為什麼就是沒辦法流行起來。

很有意思的是，其實愛迪達跟彪馬這兩大歐洲運動鞋商原本是系出同源的，由德國的達勒斯兄弟共同經營。究竟是什麼原因，讓原本相親相愛的他們反目成仇，最終甚至搞分家，老死不相往來，還讓他們的家鄉深受池魚之殃，劃分而治長達六十年呢？

起家創業

話題要來到一九〇〇年前後，大哥魯道夫·達斯勒（以下稱之魯道夫）與二哥阿道夫·達斯勒（以下稱之愛迪）先後出生於一個名叫「黑措根奧拉赫」的小鎮，沒有聽過很正常，我曾經出版過德國近代史類的書籍，自認對德國的環境地理頗為熟悉，直到讀到這段歷史，才挫了銳氣，我壓根沒有聽過這座小鎮，一查才知道，原來它位於巴伐利亞邦的一個偏僻鄉村，一直到現在人口都還不到兩萬。

但正是在這個狗不拉屎，鳥不生蛋的地方，誕生了兩位世界上最著名的製鞋天才。

達勒斯家族是製鞋世家，在家族的薰陶下，他們倆很快就迷上了製鞋這個產業。一九一八年，第一次世界大戰結束後，十八歲的愛迪與二十歲的魯道夫退伍回到家鄉，愛迪在軍中似乎是任職後方補給，所以在戰爭期間考取了麵包師傅的資格證，別以為這沒什麼，在當時此類資格證頗難取得，考中就等於政府認可你的技術，無非是莫大的榮譽。

戰後德國政治上的紛爭不斷，經濟體依然處於衰退期，可謂民生凋敝滿目蕭然，許多親友都勸愛迪趕緊開間麵包店，在小鎮上穩穩地做他的食物，這樣一來達斯勒家庭就不至於垮掉了。然而愛迪偏偏選擇了一個與做麵包完全不相干的行業——做鞋。

也不知道是叛逆心作祟還是怎樣，之前老爸叫他繼承家業時他不幹，現在老爸叫他去做麵包，他反而想繼承家業了。

總而言之，愛迪正式接管了爸爸的工作坊，並且很快發揮所長。那個時候的人們尚無運動鞋的概念，只知道運動需要保護腳，所以每個運動員都習慣穿著厚重的帶有鋼板支撐的鞋子。愛迪決定製造一種與傳統觀念完全背道而馳的低筒鞋，強調輕便與舒適，將多餘的防護都拿掉。

要想賣鞋，就必須先改變人們心中根深蒂固的積習。愛迪透過踏自行車踏板帶動磨盤運作，很快發明出帆布鞋面、皮鞋底、前掌鑲釘的跑鞋，史上第一款專業跑鞋誕生啦。它既沒有三條線條紋，也沒有美洲豹的商標，腳底下的釘子看起來又粗又大條，整體比例很怪異，不過當時並沒有專門販賣跑步鞋的工廠，即使第一代跑步鞋看起來蠢蠢的，民眾也會因為實用性而競相購買。

憑藉這項發明，愛迪的鞋廠迅速崛起，哥哥魯道夫見愛迪風生水起，也跟著進入公司，他的加入，使工作坊的訂單頓時飆升了起來。魯道夫與愛迪都是天才型創業家。弟弟推崇工藝、品質和熱衷於創新，開天闢地般研製出各種運動鞋，他甚至曾親自到田徑比賽現場，詢問板凳上的選手們對運動鞋的需求；而哥哥雖然不會鑽研工藝，卻是一位經銷高手，他的口才極佳，很擅長和別人打交道，總能讓所有進門的顧客心甘情願掏錢。

從此，哥哥賣鞋、弟弟製鞋的分配體系就這麼定下了，兩個人的才能完美結合在一起，正式成立「達斯勒兄弟鞋廠」，由於品質很好，引起了政府的重視，德國體育部長甚至親自登門拜訪，詢問合作意願。得到政府支持的達斯勒兄弟一躍成為國內勢力最大的製鞋公司，但他們不滿於此，他們要把球鞋推廣到歐洲，乃至全世界！

要怎樣讓自己的運動鞋被國外市場看見呢？照現代的宣傳方式，有兩種可行方式：前者是進行電視等廣告業配，這樣效果最好，不過當時電視並沒有普及化，所以不能納用。後者是找優秀的運動員、並為他提供贊助，這樣一來，觀眾們在看他的表現時，也會不知不覺被「間接業配」了。

達斯勒兄弟鞋廠很快就找到了許多合作運動員，一九三二年洛杉磯奧運，他們贊助的德國運動員在短跑項目上獲得銅牌，從此知名度大開，四年後他們更是迎來了夢寐以求的宣傳機會：柏林奧運。

柏林奧運

早在二十世紀初，運動會就和品牌代言扯上關係了，一九三六年的柏林奧運更是成為各大名牌廠商明爭暗鬥的競技場。愛迪找來美國非裔田徑運動員傑西．歐文斯合作。他是當時西方最有潛力的短跑選手，可以說生來就是為了跑步。他首次出現於一九三五年的美國十大聯盟運動會上，以短短不到一小時的時間，連續打破三項世界紀錄，瞬間轟動體壇。從那時起，他毫無疑問的成了柏林奧運的冠軍候選人。

不過，當時達勒斯工廠畢竟還只是個稍微有點名氣的廠商，要說是世界品牌，那還差得遠哩。至於為什麼他能夠與明星球員傑西．歐文斯搞在一塊，就必須談到當時的種族問題了。上世紀七〇年代以前，不只是德國搞種族歧視，其他地方也不例外，在美國，黑人的社會地位很低，搭公車時甚至不允許坐在前排的位置上，有很廣大的群眾都不喜歡黑人運動員，美國南方的報紙甚至拒絕刊登他們的照片，雖然大家都明白歐文斯很有潛力，但在種族主義的偏見下，沒有人願意邀請他代言球鞋。歐文斯本人穿的鞋子，也只是當地的雜牌地攤貨。

一九三六年是柏林奧運的開賽時間，當時希特勒已經上任三年，雅利安民族優越思想已經感染了整個德國，國內的種族問題很是嚴重，大家開始都歧視起猶太、吉普賽等少數民族，對膚色不同的黑人更是嗤之以鼻，在體育宣傳畫中，藝術家們被要求展現雅利安人種的發達肌肉和英雄般的力量，強化「雅利安人種優勢論」，奧運成了希特勒和納粹宣傳其政治主張的舞台。

愛迪去找歐文斯以前，他的朋友都勸諫他打消這個念頭。在那個愛國主義旺盛的時代，膽敢做出這種「賣國求榮」的事情，納粹政府肯定是不會放過你們的。但這並沒有阻止愛迪，他才不管那些政治家怎麼想，他愛怎麼做就怎麼做！

愛迪和歐文斯的初次相會很有意思，兩人一次也沒有通過信，連對方住哪都不清楚。但依靠樂天派精神，愛迪大膽前往美國，循著地方報紙的蛛絲馬跡找到了歐文斯的練習場地，請他試穿自己為他親手製造的鞋子（愛迪不會說英文，也不知道他是怎麼跟歐文斯溝通的）。

歐文斯雖然從未聽過達斯勒兄弟鞋廠的名聲，但愛迪盛情難卻，他不好意思拒絕，只能半推半就地穿上。當他繫好鞋帶，跑了一圈後，馬上把之前的鞋子給扔了，達斯勒兄弟鞋廠順利與歐文斯達成合作。

歐文斯參加了四場不同項目的奧運比賽，分別是一百公尺短跑、兩百公尺短跑，四百公尺接力、急行跳遠。第一場比賽才剛開始，他就以黑人之姿，當著納粹、當著白人、當著所有人的面將金髮碧眼的「優等種族」遠遠地甩在了後面，成為柏林奧運的真正主角。

直至最後一場比賽，歐文斯的分數始終沒有被超越，最後當他離開奧運會場時，手裡已經握著四片奧運金牌，他舉起雙手向觀眾示好，像是在宣示勝利一樣。希特勒表面上看似尊重，實際上卻非常惱火，沒等比賽完結，他就氣沖沖地回到辦公室大罵：「黑人的身體比那些文明化的白人更強壯，因此應該在將來的比賽中排除出去。」

二戰時期

在運動會之後，愛迪也藉此對鞋子繼續改進，以更輕的重量、更軟的鞋底風靡全世界，達斯勒工廠從此穩坐球鞋天王寶座。然而不久後，國內市場卻出現了史無前例的下降，這是怎麼一回事呢？

喔不，是希特勒發火了。

達斯勒兄弟鞋廠與納粹的關係一直很不錯，倆兄弟甚至曾在一九三三年雙雙加入納粹黨。工廠得益於納粹的幫助，發展速度一直很穩定。直到政府得知達斯勒兄弟為歐文斯提供了跑鞋，一氣之下差點關掉這家鞋廠，儘管在魯道夫三寸不爛之舌的解釋下，納粹政府最終沒有衝動，但雙方也因此產生難以抹滅的隔閡。

一九三九年波蘭戰爭爆發，希特勒宣布戰時管制，政府將工廠全數控管住了，原本達斯勒工廠一年可以生產二十萬雙球鞋，現今只允許製造七萬兩千雙，連以前的一半都不到。不久之後，達斯勒更被指示將員工和生產裁員一半。哥哥長久的不滿終於全部爆發，他生氣地指責愛迪，說他當初不應該與歐文斯合作，竟然為了打國外的廣告，而失去了國內的廣大市場。

比起愛迪樂天派的作風，魯道夫顯得冷酷務實，他知道現在的政治局勢並不容許異言，要是誰和納粹黨作對，下場輕的關閉工廠，重的進去集中營。他認為，自從國內實施暫時管制以後，製鞋業的領頭就不需要商業天賦了，他們所需要的，就是聽從政府的話，在政治體系下一板一眼地做事，加上球鞋的製造難度並不大，很容易被其他工廠取代，若是廠內的「思想不正」，沒辦法博得納粹政府的信任，那就功虧一匱了。魯道夫極力與納粹政府示好，公開表示支持國家社會主義，並多次參與政黨集會。與哥哥不同，弟弟愛迪不會看政府臉色，相比複雜的意識形態，他更喜歡在工廠內鑽研新款的球鞋造型。

天真善良本是好事，但進了社會之後，就不是這樣了。達斯勒鞋廠的一名工人曾與希特勒青年團發生爭執，過了不久，魯道夫迫於壓力，要求弟弟解僱這個僱員。愛迪卻覺得他沒犯什麼大錯，不必做這麼絕，結果呢？德國政府施壓達斯勒工廠，准許銷售的數量變得更加稀少。

當然，錯的不只有愛迪一人，他哥哥也有很多毛病。隨著戰爭進入一九四二，東線戰場陷入膠著，第三帝國為了攻下史達林格勒，開始大舉徵兵，達斯勒家族的妹妹瑪莉有兩名兒子已經成年，很可能受軍隊徵召，假使哥哥及時雇用她的兒子們，或許就可以躲過。可惜的是，瑪莉這個人的運氣不大好，去找哥哥討論時愛迪正好外出，辦公室裡只有魯道夫一人。魯道夫想都沒想就拒絕了，義正嚴詞地說：「不行，工廠的家族問題已經夠多了，如果都是自己人，那工廠必然變得更混亂，這是大家都不願發生的事情。」

魯道夫做事總以公司為重，忽略了人性的關懷。過不久，兩名姪子都被徵召上東線戰場，並在不久後身葬異鄉。

友誼的破裂

從此之後，兩人的關係急轉直下，愛迪不滿魯道夫的無情，魯道夫不滿愛迪的單純，最終在重重因素之下，他們倆人的關係也從互相忍受，轉向直接開噴。

隨著第三帝國的戰況陷入膠著，德國空軍也失去了對西線作戰的戰爭主導權，一九四三年後，英國和美國相互協調，聯手對德國進行轟炸，打擊德國的工業心臟，龐大的達斯勒工廠成為了盟軍的主要轟炸目標，有一次，魯道夫為了躲避盟軍的轟炸而躲到了愛迪的防空洞裡面，愛迪說了一句：「死雜種又來了。」

原本這句話只是隨口說說，卻意外挑起了魯道夫最敏感的那塊神經：「搞什麼？你在跟我講話？」

愛迪看見哥哥這樣的反應，心裡不禁覺得可笑，德國民眾現在都在受苦受難，我老哥卻在關心這種無關緊要的瑣事？他很不屑地說：「你想太多了，別亂引戰，老哥，你沒看到天上那群美國雜種嗎？」

聽到這種口氣，魯道夫越發覺得弟弟是在針對他：「我不認為你在指他們，你說這話之前一直看著我。」

「整個防空洞就只有我倆，我不看你我看誰？」

「你有什麼怨恨可以說出來，做這些小舉動只會令人反感！」

「我好心讓你來我這裡避難，你倒反客為主了。」愛迪不再客氣：「別以為你是我兄弟，你就可以為所欲為」，他怒吼說道。

魯道夫怒不可遏，一巴掌打在防空洞的鐵門上，聲音響徹了整個洞穴：「我就知道，當時不該讓你介入公司管理。」達斯勒將頭往下一低，停頓了一下，又重新直視愛迪：「這是我做過最後悔的選擇。」

語畢，兩人陷入沉默，一直到轟炸結束。

這件小事，成為壓垮兄弟情誼的最後一根稻草。他們間的鬥爭逐漸從心底浮上檯面，魯道夫曾當著員工的面訓斥愛迪思想單純，要他「改一改那呆瓜的腦袋」，愛迪也不遑多讓，公開抱怨過魯道夫「每天不停地說話，就像養了五十隻烏鴉」。

有人說，導致兩人變得如此劍拔弩張的因素不只這些，二戰爆發後，球鞋的需求量變得更少了，魯道夫為了接工廠訂單經常奔走四方，壓力變得很大，為了紓發生理需求，經常搞些沒羞沒燥的事情，還搞到了愛迪的老婆身上。不過還有另外一種說法是愛迪趁魯道夫不在家時去撩撥他的嫂子，做了不可描述的事。

孰是孰非，不清楚，這也只是聽說罷了，不必太執著於這件事的真實性。

二次世界大戰結束之後，達斯勒工廠所在的巴伐利亞由美軍佔領。有一天，美軍憲兵突然來他們家查水表，以「加入納粹黨，涉及戰爭罪行」為由，把愛迪、魯道夫都給抓走了。魯道夫完全不懂發生了什麼事，他的朋友也有很多納粹黨人，但只有他被捕，這事情顯然有鬼。

調查時，魯道夫雖然與愛迪的口供差不多，愛迪卻被提前釋放了，美軍好像是故意針對魯道夫似的，不管魯道夫怎樣解釋自己只是個運動鞋製造商，只是為了商業因素加入納粹黨，但是調查的美軍軍官始終不願相信他的辯解。

魯道夫既生氣又羞憤，到底會是誰出賣了自己？工廠裡的人都是他的親信，我對他們有魚有肉，不至於會去幹這等勾當吧？莫非是……那傢伙？

魯道夫的見解不是空穴來風，愛迪雖是納粹黨員，但很討厭種族主義（我們從歐文斯的故事就從能窺知一二），曾有好幾次想掩護猶太人來工廠上班，不過都被魯道夫給發現。戰爭結束後，德國普遍籠罩著一股殘存的納粹主義，他們依然把同盟國看做敵方占領者，無法接受美國士兵的麵包籃，英國士兵的魚罐頭，認為這是羞辱式的憐憫。然而愛迪是個特例，他不顧輿論反對，頻頻與同盟國高層接觸，甚至還自己搭建小攤販，兜售運動鞋給美國士兵。

魯道夫把自己的見聞整合到了一塊，由此斷定：愛迪就是告發他的人！他和美軍串通好這齣鬧劇，好讓他自己獨佔整間公司！

魯道夫經過幾個月的監禁才被釋放，一回到家，魯道夫不聽愛迪解釋，就不分青紅皂白地大聲狂罵，把這幾個月來受的氣都發洩到愛迪身上。

就這樣，兩兄弟的關係終於走向盡頭。一九四八年，達斯勒兄弟倆終於決定拆夥。他們在工廠的各處角落貼出公告，以最民主的方式做出訣別，工廠內的員工能自由選擇跟隨哪位領導。

員工們雖然捨不得，但在無可奈何的情況下只能作出選擇。最終，魯道夫帶走三分之一的員工，在五百公尺外成立自己的公司「Ruda」，後來更名成「Puma（彪馬）」的品牌，弟弟則繼續留著工廠以及三分之二的員工，以自己的全名愛迪．達斯勒作為縮寫，為新品牌命名為「愛迪達」。分家之後的前期時段，魯道夫發展得比較順利，雖然愛迪的鞋子品質比較好，但客戶名單都在魯道夫手上，所以銷量一直沒辦法起來。

「愛迪達派」和「彪馬派」

兩人在商標上的設計都下足了苦功，拼命想找出令顧客過目不忘的圖像。愛迪選擇了德國傳統幸運數字——三條線作為標誌，據說當時鞋側的三條線除了美觀外，是有額外功能的，相當於裝了三條鬆緊帶，能使運動鞋更契合運動員腳型。

魯道夫方面，彪馬公司不惜花費重金，聘請好多位設計師設計圖案。

一號設計師：「我給您設計了一匹馬。」魯道夫答：「太溫馴，滾！」

二號設計師：「我給您設計了一隻獅子。」魯道夫答：「太多毛，滾！」

三號設計師：「我給您設計了一隻老虎。」魯道夫答：「太兇了，滾！」

魯道夫要所有穿上這個牌子的運動員都能線條幽雅而強壯，華麗貴氣而樸實，在流線、簡潔的主軸上，又不失尊貴氣息的動物。最後，四號設計師找到了一種完美的動物：美洲豹。

起初他們得知對方的新商標時，都對此吐槽了一番，魯道夫說：「愛迪達標誌性的三條線土到掉渣。」愛迪也不遑多讓：「魯道夫的商標太完美了，如實呈現魯道夫小偷貓的形象！」愛迪達留下了最好的技術，而彪馬則帶走了龐大的訂單，兩個品牌的地址相隔一條小河，卻老死不相往來。

達斯勒兄弟的分家不僅是事業的分家、親情的分家，更是地域上的分家。兩個品牌的競爭，致使當地居民聞風而起，紛紛選邊站，一時間分成了「愛迪達派」和「彪馬派」，兩派劍拔弩張，火花四濺，氣氛完全不輸如今足球場外的球迷。

小鎮的奧拉赫河從此成了兩派人馬的「國界」，河兩邊有各自的公共場所，誰要敢橫越過去買對方的東西，誰就是信仰的叛徒。當地有個流傳的俗諺這麼說道：「人們會先看你腳上穿什麼，再決定要不要跟你說話。」小鎮也因此得到一個別稱——彎脖之城。鎮上人見面，會先彎下脖子看對方腳上穿的是什麼牌子的鞋，如果是死對頭的，當即拂袖而去，如果是好兄弟的，則把酒言歡。

兩家大廠的明爭暗鬥

當然，兩品牌間的正式交戰還是在足球場上，他們倆人瘋狂爭取名牌球隊的代言權，在戰後的二十年間打得如火如荼，不分軒輊，主要有以下這幾場對決：

第一回合：一九五四年世界盃，魯道夫缺席，愛迪達獲勝。

一九五四年世界盃，兩兄弟首次在球場上交鋒。即使二戰過去這麼久了，魯道夫仍是一位種族主義者，他認為西德隊「血統不正」，拒絕為國家隊提供球鞋。大好的機會就落到了弟弟愛迪的手中，為了這場比賽，他專門研發了一款新型足球鞋，附有可拆卸鞋釘的功能，球員無論哪種天氣都可以穿上。

當時匈牙利的氣勢很旺，決賽時無人不看好他們，在場的四十名評論員裡面，有三十九位賭匈牙利會贏。然而，他們僅是以球員素質做為討論，並沒有意識到球鞋的重要性。七月四號比賽當天，球場因為下雨，場地泥土十分鬆軟，取得裝備優勢的西德隊以三比二險勝匈牙利，拿下了世界盃。

第二回合：一九五八年世界盃，魯道夫大勝，愛迪達失利。

一九五八年，魯道夫醒悟過來了，什麼種族優越主義，什麼雅利安至上主義，什麼「非我族類其心必異」全都是個屁！要在今日的市場中站穩腳步，做人就必須圓滑。他不惜以巨資贊助了世界盃上風頭正勁的瑞典隊與巴西隊。萬萬沒想到兩支球隊雙雙進決賽並直接對戰，Puma 一戰成名！

第三回合：一九六二年世界盃，魯道夫二度得勝，愛迪達失利。

一九六二年，愛迪贊助的西德隊伍在第一輪淘汰賽就掛掉了，魯道夫的巴西球隊一路過關斬將，被國際足總授予「球王（The King of football）」稱號的非裔前鋒比利腳穿 Puma 球鞋，帶領隊友打贏捷克斯洛伐克，奪得世界盃冠軍，Puma 再勝一籌！

第四回合：一九六六年世界盃，魯道夫失利，愛迪達險勝。

一九六六年是個傳奇性的一年，那年，英格蘭隊像是打了雞血一樣，人擋殺人，佛擋殺佛！在沒有獲得兩大鞋商的幫助下，輕鬆贏得冠軍！

兩大鞋廠都沒有取得佳績，但是由彪馬所贊助的瑞典隊和巴西隊在第一輪積分賽時就遭到淘汰了，倒是愛迪達贊助的西德隊撐到了最後一輪比賽，所以某方面來說，愛迪的成績比較高，總算終止了魯道夫的連勝，也算是在這場世界盃中「獲勝」了。

兩家兄弟相愛相殺，於每四年舉辦一次的國際足球總世界盃中勾心鬥角，互有勝負，直到今天，雙方仍在私下爭鬥不休，二〇一八年歐洲盃，愛迪達與彪馬所贊助的球隊都接連遭到淘汰，決賽的法國隊、克羅埃西亞隊都被後起之秀耐吉（NIKE）給拿下了，唉！實在覺得很感嘆，若是當初兩兄弟沒搞分裂，可能就淪落不到這樣的下場了。

兄弟倆在運動市場上的或明或暗的廝殺和對決始終沒停過，即使到了晚年，兩兄弟也依然放不下心底那股怒火。一九七四年，哥哥魯道夫去世後，弟弟也沒去看他，只是以道德層面對外表示不會再臭罵魯道夫：「本著人類同情之心，阿道夫・達斯勒家族不會對他去世發表任何言論。」

四年之後，愛迪也跟著離開了人世，有趣的是，即使他倆已經做鬼，仍然不想跟對方和好。西方文化有落葉歸根的傳統，兄弟倆的墓地雖然依循文化，葬在一個小鎮，但一個在最南，一個在最北，成為相隔最遠的親兄弟。

達斯勒兄弟相繼離世並沒有帶走家族的仇恨，他們各自留下遺訓，託囑後代們繼續奮鬥，以打敗對方為最大目標！於是，戰火繼續延燒，硝煙繼續四起，兩個知名品牌依然水火不容，在運動場地上時刻都會兵戎相見。直到八十年代後期，阿道夫的長子霍爾斯特．達斯勒去世後，兩家之間仇恨才稍微減緩，或許因為曠日彌久的爭鬥讓後代們都累了，兩家最終於一九八八年，像是約好一樣，將公司的經營權轉讓給非達斯勒家族的繼承者，不用再為無謂的私人恩怨爭鬥下去，而他們的故鄉——黑措根奧拉赫也終於不再分裂。穿著愛迪達或彪馬的年輕人們紛紛走到奧拉赫河的橋梁上，以親切友善的姿態向對方示好，「以鞋取人」的習俗成為了一去不返的歷史。

終歸友好

凡是有個開頭，就該有個結尾，一貫平靜安寧的黑措根奧拉赫小鎮，在二〇一九年的國際和平日人聲鼎沸，顯得格外熱鬧，商賈馬幫絡繹不絕，過往客商熙熙攘攘，街道上湧來了滾滾人潮，遍地都是小攤販。國際各大媒體也來到此地報導。長期不堪寂寞的小鎮，頓時活躍了起來。

人們來這的原因，不是為了世界盃，也不是奧運，只是為了觀看一場普通的足球友誼賽，參賽的雙方正是我們的老兄弟，愛迪達和彪馬。

原來，兩家公司響應了社交網路發起的「一日和平」（Peace OneDay）慈善活動，不代表任何球隊，而是以公司的名義參與友誼賽。大家可能會好奇究竟誰贏了，但是贏不是重點，重點是這場比賽的歷史意義。雖然兩大品牌不再屬於達斯勒家族所有，但歷史淵源賦予了兩支球隊沉重的對立與偏見，然而在這將近六十年的長期惡性競爭後，愛迪達和彪馬的現任領導人終於走到球場正中間，首次握住了對方的手，這是自從公司分裂以來，兩家領導人第一次以友善的型態，出現在大眾的眼中，其歷史意義，堪比南北韓的文金會。隨著一陣談笑，達斯勒家族半個世紀的恩怨也就此如煙散去。

有什麼事能比握手言和更情深意重呢？兄弟情深，血濃於水，難以割捨，即使四分五裂，也有和好的那一天，文章的最後，就讓我們以德斯蒙德·杜圖的名言作為結尾吧：「你不能選擇你的家人，他們是上帝給你的禮物，如同你是他們的禮物。」

要打，去外太空打！

曾引起美國巨大恐慌的史波尼克人造衛星

姓名：史波尼克

性格：很共產。

經歷：蘇聯航太專家們的辛苦結晶，然而在太空待了二十二天就掛了。

貢獻：人類史上第一顆人造衛星。

重要性：★★☆☆☆

知名度：★★★★☆

隱藏技能：【終結世界】讓美國股市爆發股災，進而引發星際大戰毀滅宇宙。

【減肥有方】原本計畫一噸重，但被閹割成了八十三公斤的黃金身材。

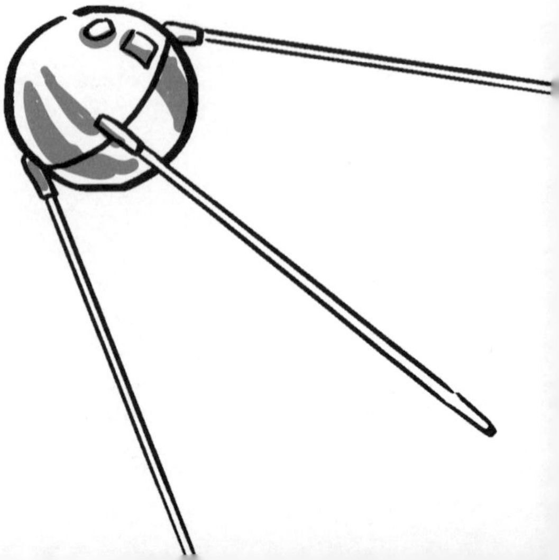

二戰結束後，隨著三個軸心成員國的倒下，兩個超級大國站上了世界的舞台，美國與蘇聯這兩個不同陣營的老大，一起開啟了新的冷戰格局。

為了將世界納入自己的勢力範圍，這兩個超級大國可謂是絞盡腦汁的鬥智鬥勇，除了在演講報紙上互打嘴砲，搞搞核軍備競賽，還透過其他小國來打代理戰爭，最後，兩國發現地面上不夠打，居然還想「離開地球表面」，去太空上較量，於是，就這麼樣的，一場爭奪航太實力寶座的太空競賽開始了。

說到這個太空競賽，想必多數人都對他不陌生，許多人類對外太空的探索行動與認知都來自於這個時期，比如曾經說過：「我的一小步，是人類的一大步」這句名言、第一個登陸月球的人類阿姆斯壯，就是這個時期的美國太空人，而這次的登月行動，也讓美國成為了大眾主流印象裡，那個「太空競賽的贏家」，至於另一方的蘇聯嘛，好像就存在感比較低，這成就嘛，更是說不上來幾個。

不過，許多人不知道的是，其實在阿姆斯壯把星條旗插到月亮上之前，蘇聯才是太空競賽的領先者，而蘇聯為什麼可以在太空競賽的伊始先拔得頭籌呢？這還得說到那顆在一九五七年發射的蘇聯人造衛星，史波尼克一號與他的製造者科羅廖夫的故事了。

科羅廖夫與他的前半生

一九〇七年一月十二日，科羅廖夫生於俄羅斯帝國烏克蘭境內的古城日托米爾，他的童年時代正好碰上第一次世界大戰爆發，在戰爭的刺激下，人類才剛剛起步的航空事業得到迅猛發展。飛機發明後的最初前十一年，基本上是一種娛樂及冒險的工具，主要用於飛行競賽及特技表演，後來才逐漸演變成為作戰的一支主力，使過去以海、陸為主的平面戰爭演變成立體的陸海空戰爭。軍用機也從當初只能觀察地形的偵察機，發展成可以進行纏鬥攻擊的戰鬥機。年幼的科羅廖夫經常騎在外公的肩上，興致勃勃地眺望天空中緩緩飛過的各種樣貌獨特的早期飛機，他對天空之上的不懈追求，也是那時在他內心中播下的種子。

得益於自身過人的學習天賦與領悟力，加上外公家良好的教育環境（他老人家很有錢，對孫子的教育經費砸得不手軟），科羅廖夫的求學生涯非常順利，在敖德薩就讀中學時，滑翔機俱樂部開始在歐洲國家流行起來，出於對航空知識的好奇，以及尋找生活刺激的強烈渴求，他加入了克里米亞地區的一個滑翔機俱樂部，在這裡他不光自己親身體驗了飛行，還親自設計製造了一架滑翔機並試飛成功。

十八歲那年，科羅廖夫順利進入了俄羅斯幾家知名航空技術大學，每次他成績進步時，便忙著書寫請願書，想要換更好的大學，這也表露出了他對於受人仰慕的渴望。在以優異成績畢業之後，科羅廖夫進入當時的圖波列夫設計局任航空工程師。如果按照這個路徑走下去，多年以後，科羅廖夫或許會成為一個收入穩定，三餐無憂的航空設計師，而非那位艱苦創業、名震天下的航太設計大師了。

命運給了他一次契機，他認識了幾位太空愛好者，幾番相處後，也被他們給催眠成一位「太空迷」了。他加入了國內的民間研究機構「反作用運動研究小組」，科羅廖夫的事業就是從這個研究小組開始的，從此之後，他明白自己所愛的事物是什麼了，整天埋頭苦讀各種航太學術論文，將自己的智力提升至99+，升級成為滿等科學宅。

科羅廖夫不愧是一位天才，卓越的才華很快就得到了小組負責人燦德爾的賞識。不久後燦德爾自認比不過科羅廖夫，指定他接任小組負責人的職位。科羅廖夫不負眾望，即位不久就將整個科研小組結構進行重組，並得到新的實驗設備與科研廠房，以及軍方更多的經費。

一系列科研成果令早年的科羅廖夫迅速聲名鵲起，蘇聯國防委員會授予他獎章，全蘇聯大氣層研討會邀請他來做報告，辛苦撰寫的火箭技術理論著作也相繼出版，年輕的科羅廖夫開始越來越受到蘇聯科技界高層的重視。但在這一切還沒來得及給予科羅廖夫更大的科研成就的時候，蘇聯的肅反運動卻如晴天霹靂一樣降臨。殘酷的政治鬥爭不只讓許多軍事、政治家遭受清洗，也使很多著名的科學家、文學家、藝術家受到牽連入獄，甚至被槍決。科羅廖夫亦未能倖免。

一九三七年，航空設計師圖波列夫被控告向德國泄漏設計圖案，以賣國罪、叛變罪遭到逮捕，由於科羅廖夫早年曾跟圖波列夫有過一面之緣，所以科羅廖夫也在這一年被牽連入獄，科羅廖夫本人兩袖清風，所以政府很難找理由逮捕他，最後只好隨便想個「陰謀顛覆蘇聯無產階級專政」的奇葩罪名，發配他到西伯利亞的古拉格集中營服苦役，在裡面吃了六年牢飯，不過難得的是，他並沒有因此就拋棄對國家的忠誠，相反的，出獄後科羅廖夫還用了自己在科學方面的長才，幫助國家研究火箭和洲際導彈，成為蘇聯的「航天之父」。

我們需要人造衛星！

史波尼克計畫最開始的緣由可以追溯自一九五五年，那時二次世界大戰已經過去十年了，科羅廖夫也從一位在西伯利亞的風雪裡挖土豆的無名小卒，一躍成為蘇聯首席火箭工程師與設計師。他向最高蘇維埃（蘇聯最高權力機關）進言，開始研發人造衛星計畫，蘇聯知道這是一個很燒錢的行動，而且成功機率渺茫，但為了超英趕美，在國際間顯擺一番，所以同意了此次計畫。

為什麼科羅廖夫要向最高蘇維埃進言呢？原因是因為他和當時蘇聯許多航太方面的科學家都認為，如果蘇聯的火箭技術要繼續升等，勢必要掌握「無地域限制的通訊能力」，簡單來說就是要不受到環境的影響，隨時隨地都可獲取資訊，這個簡單的理由最終打動了蘇聯高層的心，而很剛好的是，同年的七月底，美國總統艾森豪也發布了美國將在一九五七年底發射人造衛星的消息，因此，為了趕超美國先打他個措手不及，蘇聯高層火速下令，開始研究人造衛星的計畫。

為了造好這個人造衛星，蘇聯把這個計畫分成了很多部份，先不管分工有多細，計畫的名字是一定要有的，科羅廖夫幫這顆人造衛星取了「史波尼克」這個名字，在俄語當中，史波尼克的意思是「旅行者」，多麼恰當的名字，史波尼克的任務就是在外太空旅行啊！

講完它的名字之後，再來就是製造的部份了，由於當時蘇聯是第一次造人造衛星，因此對於這個東西到底要多重，一直都無法確定，所以最後，蘇聯計畫它的質量至少要有一千公斤到一千四百公斤，其中還要包括兩百到三百公斤的科學儀器。

想當然，人造衛星在當時可是個跨世紀的高難度作業，絕非一個人、一個單位就可以輕鬆完成的，所以在科羅廖夫的極力推動下，蘇聯官方下令其底下的各個研究單位，諸如蘇聯科學院、國防工業部、無線電工業部都來幫忙，每個人各司其職，負責製造史波尼克的各個零件，而蘇聯的國防部和前面講到的科羅廖夫所成立的試驗設計局，則要負責全程監督這項偉大的工程。

史波尼克的誕生

一九五五年末，有關史波尼克計畫的一切大多都已經籌劃完成，零件、科學儀器都造好了，而這次計畫的目標也已經確立，那就是要量度大氣層的密度和其離子物質結構，並探究太陽輻射、地球磁場和宇宙射線的第一手資料，接下來，就是要動手把它給組裝起來了。

整個計畫進行到這裡，看起來都還蠻順利的喔，然而就在這最後的關鍵時刻，無情的現實給了躊躇滿志的科羅廖夫狠狠的一棒，原來，從一開始，史波尼克計畫中，它那過分具野心及繁複的設計，以當時蘇聯的科技水平，根本就沒辦法達到，用胡適的話來講，就是「五個字：辦不了，謝謝。」為什麼這麼說呢，單舉重量來講，直至二十世紀結束，也只有中國和以色列兩國成功發射一百五十公斤以上的人造衛星（另有一歐洲太空總署發射的人造衛星重量達一千六百零二斤，於一九七九年發射。）那還記得蘇聯的計畫中史波尼克是多少公斤嗎？至少是一噸以上啊，第一次實驗就想挑戰這種逆天難度的關卡，簡直無異於天方夜譚。

其次是零件問題，雖然零件這方面，由蘇聯各個單位負責製造，但最後要組在一起時，科羅廖夫才發現，這群組件根本就沒法組在一起，就像是今天你想要組大和號戰艦的模型，結果卻拿虎式坦克的配件來組一樣，拼得起來才見鬼了，一九五六年底，整個史波尼克計畫的凸槌程度已經近乎到不可收拾的地步，可是距離美國率先發射的「大限之期」也快到了，如果再不想想辦法，之前的努力可就都要泡湯。

所以，為了讓史波尼克能順利升天，科羅廖夫將航太有關的單位全數動員，一時間那些科學家、工程師都猶如螃蟹過河七手八腳般日夜加班趕工，就只為了可以及時補救這個糟透了的計畫，最後在那麼多人的通力合作下，總算是補救完成了，不過，補救完後的史波尼克，失去了原本大摳呆般的體重，瞬間瘦身只剩下八十三公斤，順帶再加上一台簡單的發報機，外型長的就像一顆海灘球綁了四根天線，因為此時的蘇聯，再也沒時間去多想那些跨時代的設計了，還是趕快發射要緊啊。

一九五七年的十月四日，整個計畫終於來到最後的結尾，這天，在蘇聯的哈薩克拜科努爾太空中心，一枚蘇聯的 R7 火箭悄然升空，而在這枚火箭上，搭載的就是這顆讓無數人絞盡腦汁的蘇聯新發明——史波尼克一號，最終，史波尼克衛星被送上五百公里外的太空軌道，為浩瀚的宇宙增添了一顆閃爍的星星，而與其它在天空中閃耀的星辰不同，這顆星，是人類自己造出來的。

講到這，整個故事的主線任務總算是完成了，不過這並不代表故事的結束，畢竟史波尼克可是人類史上第一顆人造衛星，戲份總不可能就這麼少，在史波尼克成功升空之後，蘇聯的科學家們各個開心得舉杯慶祝這偉大的壯舉並繼續下一顆衛星的研究，可此時，蘇聯的敵人美國可就不這麼想了。

看到蘇聯居然無預兆的比自己早一步發射衛星，整個美國都被嚇得夠嗆，因為美國原本一直以為自己早就是航太領域的老大，沒把蘇聯當作對手，反正看蘇聯長得一副熊樣，除了構造簡單的AK-47、粗糙耐用的T55，絕對也造不出什麼東西，結果沒想到啊，老大粗毛熊這次居然玩起精密科技來，並且成功搶到頭香了。

美國的反應

美國人民聽聞了這顆長了四根天線的鐵球升天的消息，一股赤色的恐慌全面席捲美國，因為這說明，美國已經在一個重要領域上落後蘇聯了，當時的美國總統艾森豪還親自下令：要查查美國的教育是出了什麼問題，美國各地人民都在恐懼的議論著蘇聯的可怕實力，而有世界金融中心之稱的華爾街，也受此影響爆發了股災，當時美國的情況非常不容樂觀，史波尼克的成功發射，對美國人的影響和衝擊，完全不亞於一九二九

年的那場經濟大蕭條，

隨後，為了穩定民心及同蘇聯抗衡，美國政府宣佈美國國家航空暨太空總署成立，簡稱NASA，再來艾森豪總統也宣布美國將開始推動水星計畫，帶領美國參加太空競賽，然而，雖然是正式對蘇聯作出了反擊沒錯，但美國終究還是慢人家一步，所以在太空競賽的頭十年，蘇聯一直是處於超越美國的地位，例如第一個把動物送上太空，第一個讓人類搭火箭前往宇宙以及人類第一次的太空漫步，都是蘇聯在太空競賽期間做出的貢獻，直到一九六九年，美國阿姆斯壯太空人把星條旗插上月球，這種蘇聯一直贏美國局面才被打破，所以可別再說，太空競賽都是美國人一面倒的勝利囉！

如果史波尼克這顆衛星有生命的話，它大概怎麼也不會想到，自己的一場太空旅行，居然能如此巨大的改變人類的歷史走向，也為後世的太空探索，留下了許多寶貴的資料，所以，在這裡我們可以毫不誇張的說，史波尼克的任務和目的都完成了，而且還完成的非常漂亮。（順帶一提，史波尼克一號升上太空後，一直向地球發送無線電波信號，直到二十二天後，因為電池沒電而中斷，一九五八年初，史波尼克因失去動力而脫離軌道墜入大氣層，在其這短短幾個月的壽命中，它共圍繞著地球運轉了六千萬公里。）

科羅廖夫之死

蘇聯始終以科羅廖夫的航空貢獻為傲，但它卻是間接殺死科羅廖夫的罪人。

科羅廖夫的身體一直以來就很不好，這必須歸咎於國家政策的壓迫，在古拉格的六年監獄生活，每天不是在深不見底的大坑裡挖礦，就是在密不透風的辦公室裡處理文職、忍受熱量不足的三餐，在夜晚小心翼翼地扒開窗台前的木製橫梁，咀嚼木屑充飢。出獄後科羅廖夫為了推廣航太，還沒等身子恢復，就開始了快節奏、高強度、燒腦袋的航太工作，逐漸壓垮了科羅廖夫的身體。一九六〇年，也就是史波尼克衛星發射三年後，科羅廖夫就被診斷出有嚴重的心臟病和腎病，之後又被查出身體有多處健康問題，後來更是多次因為心律不整而住院治療，醫療人員都勸他別再加班工作，要調和調和身心了，不過蘇聯政府為了贏得太空競賽，急需動用科羅廖夫，所以沒一個月科羅廖夫又繼續上班了。

一九六六年一月五日，在完成了月球八號探測器發射工作後，科羅廖夫終於病倒了，醫生診斷出其大腸有癌變症狀並需要立即進行手術，但在手術進行時科羅廖夫就病逝了，至於為什麼醫著醫著，人就被醫死了呢？很簡單，因為事前科羅廖夫曾與一些官員起衝突，所以蘇聯就不批給他醫療援助，叫他自己去找醫生，而科羅廖夫又不懂醫學，隨便找了個三腳貓醫院動手術。據傳當天醫生上班偷喝酒，拿刀不穩，稍一使勁，才發現切錯地方了，科羅廖夫就這麼結束在了一個酒鬼的手術刀下了！所以各位，酒精害人害己，我們還是別碰了吧！如果真的需要，就在家裡獨酌一杯就好，可別出來秀下限呀！

蘇聯政府本來也只是賭氣罷了，沒想到科羅廖夫還真的死給他們看。也許是為了彌補過失，科羅廖夫逝世後，政府下令以國禮鄭重安葬他在莫斯科的克林姆林紅場墓園，與伏龍芝、史達林等蘇共早期領導人，以及幾百名蘇軍無名烈士並列，這算是當時的巨大哀榮，也不知道科羅廖夫如果在天有靈，是否還會生氣呢？

額外小知識：科羅廖夫生前所在的第一實驗設計局在蘇聯解體後繼續被冠以科羅廖夫的名字，以「科羅廖夫能源火箭與空間集團」之名繼續存在，雖然名字也比不上如雷貫耳的NASA。但在很多航天愛好者看來，只有一個現象能使他們能夠永遠銘記科羅廖夫的大名，那就是「科羅廖夫十字」，可別搞錯，雖然聽起來很中二，但這可不是什麼打架絕招，當年科羅廖夫為彈道導彈專門設計了捆綁式推進方式，在火箭發射後，四個捆綁式助推火箭在燃料用盡脫離主體的一瞬間，各會噴出一道白氣，在天空中形成一個近乎完美的十字型，專業的攝影師們都會緊抓這刻按下快門，讓霎那間的十字永恆保存。

主要參考資料：

是什麼讓天花從此絕跡？疫苗發明的背後故事

郝廣才：《今天：366天，每天打開一道門》，格林文化，2014

莎蒙娜．洛普：《我們如何戰勝致命的天花病毒》，TED-Ed，2013

醜腆害羞的科學怪人：卡文迪許與他的沉默傳說

科科史上的今天：《10/10——卡文迪許誕辰》，2014.10.10

百科故事網：《發現氫氣的偉大學者：卡文迪許》，2017.7.17

誰說做夢是浪費時間？門德列夫和他的週期表

保羅．史查森著，邱文寶譯：《門得列夫之夢—從煉金術到週期表的誕生》，究竟出版，2003.2.27

SamKean著，楊玉玲譯：《消失的湯匙：一部來自週期表的愛恨情仇傳奇與世界史》，大塊文化，2011.5.4

PeterAtkins著，歐姿漣譯：《化學元素王國之旅》，天下文化，2008.12.19

電流之戰？聽起來真刺激！特斯拉與愛迪生的恩怨情仇

約翰．瓦希克著，林東翰譯：特斯拉：點亮現代世界的傳奇，行路出版社，2018.10.3

尼古拉．特斯拉著，劉恩麗譯：《被消失的科學神人．特斯拉親筆自傳》，柿子文化，2019.1.7

伯納德．卡爾森：《特斯拉：電氣時代的開創者》，人民郵電出版社，2016.1.1

湯姆．麥克尼科爾：《電流大戰：愛迪生、威斯汀豪斯與人類首次技術標準之爭》，北京大學出版社，2018.7.1

瑪格麗特．切尼：《被埋沒的天才》，重慶出版社，2010.12

你做你的，他做他的，我賺我的：福特汽車的劃世創舉

劉佑知：《福特》，臺灣商務印書館，2007.2 初版一刷

朱良洲：《福特小傳：汽車之父的內心世界》，先見出版 1993.8.15 初版

敖啟恩：《亨利．福特最好的麻吉是愛迪生？》聯合新聞網

天靈靈地靈靈！將肥料從空氣裡變出來的哈伯

神野正史：《世界史劇場：第一次世界大戰的衝擊》，楓樹林出版社，2016
高英哲：【科學史沙龍】氮的故事——哈柏法製氨及其影響，CASE 報科學，2015
楊白勞：《世界歷史有一套之德意志是鐵打的》，大地出版社，2013

從魔盒釋放出來的夢魘：顛覆你對力量印象的核武

安德魯·伯尼特編：《策動：引燃文明與衝突的 50 場關鍵演說！改寫歷史的人，是在鼓舞，還是煽動？》，聯經出版，2018
多田將：《跟著怪咖物理學家一起闖入核子實驗室：一次搞懂核融合、核分裂、連鎖反應、原子彈、氫彈、中子彈的超強威力》，聯經出版，2018
吉田博哉、南房秀久：《NEW 全彩漫畫世界歷史·第 11 卷：經濟大恐慌與第二次世界大戰》，小熊出版，2017
軍武次位面：《核武之力》，第三季 第 01 期，2016

史上殺人數最多的熱兵器：馬克沁爵士的馬克沁機槍

MarcvonLüpke：屠殺之父（Der Vater des Gemetzels），SPIEGEL ONLINE（明鏡新聞網）

MALCOLM W. BROWNE：100 YEARS OF MAXIM'S 'KILLING MACHINE'（一百年的馬克沁殺人機器）1985.11.26，紐約時報
中國中央電視台 CCTV：《魅力紀錄：槍》第二集機槍，2013.12.18

明星不可以兼職發明家嗎？才貌雙全的藍芽之母海蒂．拉瑪

鮮棗課堂：海蒂．拉瑪：美貌與智慧的化身，CDMA 之母，2018.5.29
看電影了沒：我發明了 WiFi，全世界卻只在乎我的臉蛋，2018.10.22
GAYLE MACDONALD：Review：Hedy Lamarr documentary portrays the actress as more than a pretty face，2017.11.24

世界上最偉大的花花公子：霍華．休斯的飆速飛機

何建偉：《霍華．休斯：對飛行狂熱的美國第一位億萬富豪》，海外星雲，2005 年第六期
那天：《如何評價霍華．休斯（Howard Hughes）的一生？》，知乎，2017.12.29
竭寶峰：《世界名人成才故事：外國大企業家的故事》，遼海出版社，2009.7

宇宙航太的思想先驅：赫爾曼．奧伯特與他的太陽大炮

Horia-Nicolai Teodorescu：「Hermann Oberth And His Professional Geography in the European Context of the 20th Century」（中譯：《赫爾曼・奧伯特及其在20世紀歐洲背景下的專業地理學》），網路公開論文，2009年2月27日

《赫爾曼・奧伯特，九十五歲的德國火箭專家》。紐約時報。1989年12月31日

漫步雲朵裡的貓：《科技前沿，新型武器太陽大砲》，搜狐生活

嗚嗚嗚～別再拿我的發明亂來啦：卡拉什尼科夫與槍王之王 AK-47

沈劍鋒：《AK-47槍王之王》，海鴿出版社，2015/07/01

床井雅美著，許嘉祥、郭運暘譯：《AK-47與卡拉希尼可夫槍族》，星光出版社，2006.7.14

俄羅斯衛星通訊社：《AK-47之父晚年的內心煎熬》，風傳媒，2017.11.13，

一對相愛相殺的小兄弟：愛迪達與彪馬的不解恩仇

神奇海獅：一場永遠改寫世界體育版圖的兄弟之爭，故事，2018.6.14

接力雜誌：愛迪達VS彪馬：80年兄弟之爭，2012.8.27

運動星球：Adidas vs. Puma：世界兩大運動品牌背後的六十年兄弟撕逼大戰，

2017.2.16
王珂：冤家本是親兄弟，環球人物 2009.10.22
要打，去外太空打！曾引起美國巨大恐慌的史波尼克人造衛星
Kan Yoko、南房秀久：《NEW 全彩漫畫世界歷史．第 12 卷：冷戰與冷戰後的世界》，小熊出版，2017
科科史上的今天：《10/04：第一顆人造衛星發射升空》，2015
羅振宇：《午夜將至》羅輯思維 123 集，2015
金貝爾：《太空之書》，時報出版，2014

發明家大起底：
從疫苗到核武，讓你直呼「不能只有我看到」的歷史真相！

作　　者	江仲淵、柯睿信、黃羿豪
發 行 人	林敬彬
主　　編	楊安瑜
編　　輯	鄒宜庭
美術設計	蔡致傑
編輯協力	陳于雯
出　　版	大旗出版社
發　　行	大都會文化事業有限公司 11051臺北市信義區基隆路一段432號4樓之9 讀者服務專線：(02)27235216 讀者服務傳真：(02)27235220 電子郵件信箱：metro@ms21.hinet.net 網　　　址：www.metrobook.com.tw
郵政劃撥	14050529 大都會文化事業有限公司
出版日期	2021年01月初版一刷
定　　價	320元
ISBN	978-986-99436-8-0
書　　號	B210101

First published in Taiwan in 2021 by Banner Publishing,
a division of Metropolitan Culture Enterprise Co., Ltd.

4F-9, Double Hero Bldg., 432, Keelung Rd., Sec. 1, Taipei 11051, Taiwan
Tel: +886-2-2723-5216　Fax: +886-2-2723-5220
Web-site: www.metrobook.com.tw
E-mail: metro@ms21.hinet.net

國家圖書館出版品預行編目（CIP）資料

發明家大起底：從疫苗到核武，讓你直呼「不能只有我看到」的歷史真相！/江仲淵、柯睿信、黃羿豪 著. -- 初版. -- 臺北市：大旗出版：大都會文化發行, 2021.01
288面；14.8×21公分
ISBN 978-986-99436-8-0(平裝)

1. 世界傳記 2. 通俗作品

781　　　109018934

大都會文化　讀者服務卡

書名：**發明家大起底：從疫苗到核武，讓你直呼「不能只有我看到」的歷史真相！**
謝謝您選擇了這本書！期待您的支持與建議，讓我們能有更多聯繫與互動的機會。

A. 您在何時購得本書：______年______月______日
B. 您在何處購得本書：____________書店，位於____________（市、縣）
C. 您從哪裡得知本書的消息：
1. □書店　2. □報章雜誌　3. □電臺活動　4. □網路資訊
5. □書籤宣傳品等　6. □親友介紹　7. □書評　8. □其他
D. 您購買本書的動機：（可複選）
1. □對主題或內容感興趣　2. □工作需要　3. □生活需要
4. □自我進修　5. □內容為流行熱門話題　6. □其他
E. 您最喜歡本書的：（可複選）
1. □內容題材　2. □字體大小　3. □翻譯文筆　4. □封面　5. □編排方式　6. □其他
F. 您認為本書的封面：1. □非常出色　2. □普通　3. □毫不起眼　4. □其他
G. 您認為本書的編排：1. □非常出色　2. □普通　3. □毫不起眼　4. □其他
H. 您通常以哪些方式購書：（可複選）
1. □逛書店　2. □書展　3. □劃撥郵購　4. □團體訂購　5. □網路購書　6. □其他
I. 您希望我們出版哪類書籍：（可複選）
1. □旅遊　2. □流行文化　3. □生活休閒　4. □美容保養　5. □散文小品
6. □科學新知　7. □藝術音樂　8. □致富理財　9. □工商企管　10. □科幻推理
11. □史地類　12. □勵志傳記　13. □電影小說　14. □語言學習（_____語）
15. □幽默諧趣　16. □其他
J. 您對本書（系）的建議：

____

K. 您對本出版社的建議：

____

讀者小檔案

姓名：______________ 性別：□男　□女　生日：____年____月____日
年齡：□ 20 歲以下 □ 21 ～ 30 歲 □ 31 ～ 40 歲 □ 41 ～ 50 歲 □ 51 歲以上
職業：1. □學生 2. □軍公教 3. □大眾傳播 4. □服務業 5. □金融業 6. □製造業
7. □資訊業 8. □自由業 9. □家管 10. □退休 11. □其他
學歷：□國小或以下 □國中 □高中／高職 □大學／大專 □研究所以上
通訊地址：______________________________
電話：（H）______________（O）______________ 傳真：______________
行動電話：__________________ E-Mail：____________________
◎謝謝您購買本書，也歡迎您加入我們的會員，請上大都會文化網站 www.metrobook.com.tw 登錄您的資料。您將不定期收到最新圖書優惠資訊和電子報。

發明家大起底

從疫苗到核武，
讓你直呼
「不能只有我看到」
的歷史真相！

北區郵政管理局
登記證北臺字第9125號
免貼郵票

大都會文化事業有限公司

讀者服務部 收

11051 臺北市基隆路一段432號4樓之9

寄回這張服務卡〔免貼郵票〕
您可以：
◎不定期收到最新出版訊息
◎參加各項回饋優惠活動

98 04 43 04

劃撥儲金存款單

收款帳號	1	4	0	5	0	5	2	9	金額 新台幣（小寫）	億	仟萬	佰萬	拾萬	萬	仟	佰	拾	元

收款戶名：**大都會文化事業有限公司**

寄款人 ☐他人存款 ☐本戶存款

姓名

地址 ☐☐☐－☐☐

電話

主管：

經辦局收款戳

虛線內備供機器印錄用請勿填寫

通訊欄（限與本次存款有關事項）

我要購買以下書籍

書名	單價	數量	合計

購書金額未滿600元，另加收60元國內掛號郵資或貨運專送運費。

總計數量及金額：共______本，合計______元

◎寄款人請注意背面說明
◎本收據由電腦印錄請勿填寫

郵政劃撥儲金存款收據

收款帳號戶名

存款金額

電腦紀錄

經辦局收款戳

郵政劃撥存款收據注意事項

一、本收據請妥為保管，以便日後查考。
二、如欲查詢存款入帳詳情時，請檢附本收據及已填妥之查詢函向任一郵局辦理
三、本收據各項金額、數字係機器印製，如非機器列印或經塗改或無收款郵局收訖章者無效。

大都會文化、大旗出版社讀者請注意

一、帳號、戶名及寄款人姓名地址各欄請詳細填明，以免誤寄；抵付票據之存款，務請於交換前一天存入。
二、本存款單金額之幣別為新台幣，每筆存款至少須在新台幣十五元以上，且限填至元位為止。
三、倘金額塗改時請更換存款單重新填寫。
四、本存款單不得黏貼或附寄任何文件。
五、本存款金額業經電腦登帳後，不得申請撤回。
六、本存款單備供電腦影像處理，請以正楷工整書寫並請勿摺疊。帳戶如需自印存款單，各欄文字及規格必須與本單完全相符；如有不符，各局應婉請寄款人更換郵局印製之存款單填寫，以利處理。
七、本存款單帳號與金額欄請以阿拉伯數字書寫 。
八、帳戶本人在「付款局」所在直轄市或縣(市)以外之行政區域存款，需由帳戶內扣收手續費 。

如果您在存款上有任何問題，歡迎您來電洽詢
讀者服務專線：(02)2723-5216(代表線)
為您服務時間：09：00～18：00(週一至週五)
大都會文化事業有限公司　　讀者服務部

交易代號：0501、0502 現金存款　0503票據存款　2212 劃撥票據託收

大旗出版
BANNER PUBLISHING

大旗出版
BANNER PUBLISHING